**Giorgio Agamben.
Justicia viva**

Giorgio Agamben. Justicia viva

José Luis Villacañas

MINIMA TROTTA

Esta publicación ha sido realizada con el apoyo financiero de la Generalitat Valenciana. El contenido de dicha publicación es responsabilidad exclusiva de la Universidad de Alicante y no refleja necesariamente la opinión de la Generalitat Valenciana. Esta obra se integra en el conjunto de actividades de la Cátedra Paz y Justicia de la Universidad de Alicante.

UNIVERSITAT D'ALACANT
UNIVERSIDAD DE ALICANTE
Vicerrectorado de Relaciones Internacionales y Cooperación para el Desarrollo
Vicerectorat de Relacions Internacionals i Cooperació per al Desenvolupament

MINIMA TROTTA
Serie Pensar la Justicia cosmopolita /
Dirigida por Manuel Menéndez Alzamora

© Editorial Trotta, S.A., 2024
Ferraz, 55. 28008 Madrid
Teléfono: 91 543 03 61
E-mail: editorial@trotta.es
http://www.trotta.es

© José Luis Villacañas Berlanga, 2024

Cualquier forma de reproducción, distribución, comunicación pública o transformación de esta obra solo puede ser realizada con la autorización de sus titulares, salvo excepción prevista por la ley. Diríjase a cedro (Centro Español de Derechos Reprográficos, www.cedro.org) si necesita fotocopiar o escanear algún fragmento de esta obra.

ISBN: 978-84-1364-246-8
depósito legal: M-11909-2024

impresión
Gráficas Cofás

ÍNDICE

Presentación 9

1. BIOGRAFÍA 21

2. ¿CÓMO SE CONSTRUYE UNA FILOSOFÍA? 31
   1. Agamben como filósofo absoluto 31
   2. El dispositivo Agamben 36
   3. Grandes autoridades del dispositivo ontológico   40
   4. El cemento metodológico del dispositivo: la signatura 50
   5. El despliegue del dispositivo: Hannah Arendt.. 64
   6. El despliegue del dispositivo: Carl Schmitt 73

3. *HOMO SACER*: FENOMENOLOGÍA Y ONTOLOGÍA DEL PRESENTE 87
   1. Nuda vida 87
   2. Nuda vida sin *homo sacer* 93
   3. *Homo sacer* y bando 98
   4. Mito y mundo desencantado 106
   5. Hoy: los campos 112

4. LO IRREALIZABLE, LA JUSTICIA 127
   1. Capitalismo como religión 127
   2. Teología anárquica 136
   3. Marx: la economía como secularización cristológica 144

4. Gloria y liturgia: la irrupción de la escatología 152
5. El misterio del mal 172
6. Valor de uso 178
7. La política estética de Agamben 183
8. Realizar lo irrealizable: la filosofía 200

A modo de conclusión 207

Bibliografía 211

PRESENTACIÓN

Atenderé en esta presentación dos objetivos: primero, caracterizar la obra de Agamben de manera específica para los lectores de esta serie «Pensar la justicia cosmopolita»; segundo, explicar lo que se va a encontrar en este libro.

Una vez dijo Max Weber que un anarquista podía llegar a ser el mayor experto en la doctrina del Estado no *a pesar* de su toma de posición, sino precisamente por su toma de posición. Pues alguien que considere que el Estado es su enemigo ejerce su responsabilidad intelectual al conocerlo a la perfección. Sugiero que aquel aviso del viejo Max Weber se cumple a la perfección en la obra de Giorgio Agamben. La erudición de Agamben es mítica, como exponente de la gran cultura académica italiana. Por supuesto, conoce las fuentes fundamentales del pensamiento jurídico occidental, pero justo para situarse en una exterioridad radical respecto de él con poderosos argumentos. Si tuviéramos que traducir a los términos de esta tradición jurídica sus planteamientos, diríamos que Agamben defiende un cosmopolitismo radical que, sin embargo, no se deriva de los derechos del individuo, como en Maurice Hauriou, sino de nuestra condición genérica animal. La idea de una justicia brota en él de la idea de la vida unitaria: es una justicia viva, la que se hace al viviente y por la que vive el viviente. La suya no es la justicia del derecho ni la justicia de la ley. Para él, es como si la vida no tuviera necesidad de dar paso a la institución jurídica. Como puede suponerse, Agamben tampoco pertenece a la tradición de los filósofos del derecho como Hans Kelsen, que buscan afianzar un cosmopolitismo institucional por la vía de una reordenación jurídica de las relaciones internacionales. Tampoco necesita leer a Martti Koskenniemi para asumir que la filosofía de las relaciones internacionales no puede evitar la sospecha de desplegar un descarnado realismo de poder a la cómoda sombra de la utopía de una normatividad sin raíces y sin eficacia. La lógica del Estado, para él dominante, impide cualquier sentido profundo de normatividad. En este sentido, Agamben acepta como incuestionables los análisis de Carl Schmitt sobre soberanía, estado de excepción y amigo/enemigo. Al ofrecernos refinadas reconstrucciones biopolíticas de estas categorías, solo desea que perdamos toda esperanza en el Estado como actor productor de justicia.

Agamben es un autor que generacionalmente se puede entender como vinculado a la experiencia intelectual de los que vivieron Mayo del 68. Sin embargo, sus raíces intelectuales son más profundas y la arquitectura de su pensamiento más elaborada que la de aquellos que, instalados en la lógica de la naturaleza que había intuido Bergson, solo mostraban indiferencia hacia las cosas, confiados en la productividad infinita de la realidad. Agamben forma parte de otra tradición que no confía en la productividad de ningún actor, estatal o de cualquier otro tipo. La mejor forma de caracterizarlo es mediante aquella imagen poderosa que Max Weber propuso al hablar del acosmismo del amor. El cosmopolitismo y la justicia solo llegarán como consecuencia de ese acosmismo. La profunda indisposición de Agamben con el derecho tiene que ver con esta protección del orden de exclusiones que todo derecho alberga.

Por lo tanto, no cosmopolitismo a través del derecho, sino a través de la destitución del derecho. Esa sería su divisa. Por eso comparte a su manera la experiencia del 68, pero no para liberar la productividad del deseo, sino para abrir paso a la experiencia más profunda que no sirva de coartada a ningún actor mundano y, menos que a ninguno, al capitalismo triunfante. De esa experiencia brotó también el imperativo de no formar parte de ninguna capilla política, de ningún partido, y menos todavía de aquellas propuestas del sombrío Althusser que perdieron toda verosimilitud histórica en aquel Mayo. Conocedor profundo de las teorías de la modernidad, Agamben no se engaña acerca de la complicidad del Estado con el capitalismo y de la connivencia de las políticas migratorias con la necesidad de regular la mano de obra del sistema productivo. Todo esto tiene que ver con un régimen que regula las relaciones de inclusión/exclusión siempre al servicio de los privilegiados con estatutos jurídicos. Por eso, la matriz de su pensamiento es contraria a todo lo que tenga que ver con el Estado y el derecho. Da igual en qué latitud se encuentre. En uno de sus libros más breves, *La comunidad que viene*, no dudó en decir que allí donde se presenta el Estado no tardan en acudir los tanques. Hacía referencia a los acontecimientos de la Plaza de Mayo de Pekín, pero el lugar es lo de menos. La voluntad de Agamben es no dejarse engañar por ninguna apariencia mundana. Su tradición es propia de una metafísica que está al servicio de una mística.

Desde una perspectiva política tradicional, Agamben siempre quedaría del lado del anarquismo, pero de un anarquismo pensado desde Marx y su teoría del ser humano genérico. Lo que Agamben rechaza son las mediaciones políticas que la tradición marxista ofrecía para alcanzar este estado comunista final y desde luego ese oxímoron de la dictadura del proletariado. Agamben se tomó completamente en serio la tesis de Marx del ser humano como animal genérico y organizó toda una construcción filosófica para, a partir de esa base, realizar el estado comunista final de forma completamente al margen de cualquier mediación política, siempre capaz de producir los efectos más contrarios a la meta final. En esta operación, Agamben parece a veces renovar las tradiciones escolásticas de derecho natural, de justicia natural, de un catolicismo sin iglesia radical que, al apoyarse sobre el estatuto universal de la creatura, se reconcilia con el comunismo. Como he dicho, su experiencia de Mayo del 68 procede de otras fuentes y entre ellas la del inolvidable Pier Paolo Pasolini.

Por eso, todo lo que se pueda decir de su propuesta final tiene que padecer una forzada traducción a términos de la tradición jurídica; por eso, no podría ser considerado cosmopolita, sino mesiánico. Rechazaría el planteamiento cosmopolita porque sabía que, después de lo que él caracteriza como la ingenuidad de Heidegger, ya no se podía confiar en la cuestión de la *polis*. Heidegger habría sido el último pensador que creía poder rehabilitar algún sentido de la *polis*. El gesto continuista de Arendt, destinado a rehabilitar la república, Agamben no pudo compartirlo, y por eso sobre su crítica se levanta todo su pensamiento. Por lo demás, como he dicho, no aspira a la producción de un cosmos a través del derecho, sino justamente a incluir un mesianismo que es de naturaleza profundamente acósmica. Pero en esta voluntad de situarse más allá de todo pensamiento jurídico, Agamben es genuino y sincero, porque renueva poderosas tradiciones que nos acompañan desde la gnosis. Su erudición sin límites tiene que ver sobre todo con la reposición de esas tradiciones del pensamiento que culminaron en Walter Benjamin. De hecho, podemos caracterizar la obra de Agamben como el esfuerzo por dotar al mesianismo de Benjamin con la estructura metafísica del pensamiento de Heidegger. En este sentido, su mirada puede ser reconocida como una opción que siempre ha estado ahí, a la mano, fecundando la riqueza cultural de nuestro mundo. Este es el sentido de su voz y por eso no puede ser callada.

A continuación intentaré mostrar lo que encontrará el lector en este libro. Como todos los que se dejaron influir por la figura de Walter Benjamin, el sentido fundamental de la obra de Agamben reside en producir un pensamiento que no coopere en modo alguno en legitimar las realidades jurídicas y sociales existentes. La radicalidad de su obra en este sentido es extrema. Con su gesto, Agamben espera generar una brecha en la facticidad, de tal manera que no devenga compacta ni totalitaria. Por eso, él considera la descripción y conceptualización de esa facticidad jurídica, económica, social y cultural como una tarea central del pensamiento. Y por eso, su obra integra una dualidad. Se mueve en medio de la actitud realista de reconocer la facticidad, pero se niega a cooperar con ella. La conoce para dirigirla conceptualmente hacia su propia superación. Desde este punto de vista podemos decir que Giorgio Agamben pertenece a la tradición de la tarea crítica. La diferencia fundamental entre su obra y la de Theodor W. Adorno, por citar el ejemplo más notorio y cercano en radicalidad, reside en que, mientras que este realiza una obra de crítica negativa que entrega como un legado a la posteridad para cuando se den las condiciones de un futuro emancipador y revolucionario, Agamben hace de esa separación del tiempo presente una actitud definitiva. Esa separación nos instala en un tiempo mesiánico que debe despertar energías intelectuales destinadas a realizar la inoperatividad y dar comienzo a un modo de vida ajeno al Estado y su derecho. En su comprensión de las cosas, aquí se abre paso la manera de no cooperar con la facticidad, eliminar su pretensión de legitimidad y dar entrada a un nuevo modo de vida. La de Agamben es así la operación de una emancipación sin revolución externa, jurídica o política. Si bien hay muchas aproximaciones parciales a su producción filosófica, creo que esta tesis nos ofrece el sentido más general de su obra.

Aunque la escritura de Agamben es muy extensa —él no ha sido precisamente inoperante—, nuestro autor ha causado época en el pensamiento contemporáneo por su concepto de *nuda vida*, que constituye el centro de su *magna opera*, el proyecto completo de *Homo sacer*[1]. Este ensayo que el lector tiene en sus manos defenderá que este concepto de nuda vida, que alberga estratos visionarios y utópicos innegables, es importante para comprender el mundo contemporáneo como la época de la biopolítica. Al mismo tiempo, Agamben ha vinculado este concepto de nuda vida con el problema del *homo sacer*, una figura antropológica que procede de los estratos más arcaicos de la cultura humana. Este uso de una representación arcaica para identificar el presente forma parte muy central de la operación filosófica de Agamben, que en este aspecto también sigue el gesto de Theodor W. Adorno y el de buena parte de la cultura francesa contemporánea, desde Émile Durkheim a Gilles Deleuze, pasando por Marcel Mauss, Georges Ba-

---

1. La monumentalidad de la obra se aprecia en la edición integral de *Homo sacer* [1995-2015], Quodlibet, Macerata, 2018 [en adelante HS y página]. Cuando cito solo el primer volumen de 1995 aparece HSi y página.

taille y Pierre Clastres[2]. Este ensayo mostrará tanto la fascinación que produce como la debilidad que alberga este movimiento. Todo el rendimiento filosófico del concepto de nuda vida, que es tanto la vida de aquellos desahuciados por los sistemas de protección estatal como la vida que debería servir de inspiración para instalarnos en el tiempo que resta, puede y debe obtenerse de modo independiente del concepto de *homo sacer*. En cierto modo, se trata de conceptos completamente diferentes, que debemos situar en planos heterogéneos desde todos los puntos de vista. Sin embargo, Agamben ha puesto especial empeño en construir un método de pensar que permita y asegure el movimiento de la unificación conceptual de ambos.

Por lo tanto, lo primero que encontrará el lector es un capítulo dedicado a la metodología. Sin embargo, este método de relación de conceptos, centrado en las nociones de paradigma y signatura, constituye para Agamben el territorio de la ontología. En él, método y ontología van de la mano. A eso dedicaremos el segundo capítulo de este libro. De haber separado el concepto de nuda vida respecto del concepto de *homo sacer*, Agamben tendría que haber alojado el concepto de *homo sacer* en el ámbito de la historia y haber dado cuenta de él de modo histórico, no ontológico. En estas páginas haré una crítica de ese método desde una comprensión de la historia de los conceptos, e intentaré neutralizar ese movimiento que vincula nuda vida y *homo sacer*, impugnando así la forma que Agamben desarrolla para estudiar las cuestiones políticas, sociales

---

2. «Solo quien reconoce lo más nuevo como lo mismo de siempre sirve a lo que sería diferente», dijo Adorno en 1942. Este principio caracteriza todo el pensamiento de Agamben. Cf. J. Maiso, *Desde la vida dañada. La teoría crítica de Theodor W. Adorno*, Siglo XXI, Madrid, 2022, p. 109.

e históricas en las que vivimos. De este modo, en realidad cuestionaré el estatuto de eso que Agamben llama ontología y lo sustituiré por una historicidad social del capitalismo que sea capaz de explicar el concepto de nuda vida de forma no ontológica[3].

Afortunadamente, el pensamiento de Agamben, de la mano del concepto de la nuda vida, va más allá del mencionado movimiento. Así, cuando habla del mundo contemporáneo logra ofrecernos conceptos que están fenomenológicamente apoyados, aunque no sean inmediatamente intuitivos. Toda esta valiosa fenomenología puede separarse de lo que él llama el nivel de la ontología. Quizá esta dirección descriptiva constituya el mayor mérito de Agamben, pues permite mantener una cierta explicación causal acerca de la cuestión de la nuda vida, el núcleo más sólido de su pensamiento. En esta etiología deberá ejercer una funcionalidad propia la cuestión del soberano, del estado de excepción, de los modos de exclusión y privilegio, de injusticia y la condición de emigrante que ha producido el capitalismo contemporáneo, esa época de la subsunción real, del sometimiento pleno de la vida social al capital, como lo ha caracterizado su amigo Antonio Negri. Con todas estas estructuras quiere romper Agamben para dar paso a esa forma genérica de vida propia del animal humano, poblador de una Tierra sin fronteras, lo que sería el equivalente a lo que desde otras tradiciones se llama cosmopolitismo.

El capítulo tercero analiza esta especie de sociología del capitalismo, y tiende a separar la cuestión de la nuda vida del asunto del *homo sacer*, distinguiendo lo que me parece fuertemente creativo respecto de lo dis-

---

3. Sigo así mis argumentos de *Neoliberalismo como teología política*, NED, Barcelona, 2020, sin los que este libro no puede realmente entenderse.

cutible de su proyecto y mostrando que *homo sacer* es parte inseparable del politeísmo del mito, algo que no puede ser proyectado a la contemporaneidad. Al hacerlo, a pesar de las reservas que levanta una historia conceptual, Agamben sigue la radicalidad hermenéutica del mito llevada a cabo por Adorno y Horkheimer en *Dialéctica de la Ilustración*. Este capítulo tercero también mostrará, con Agamben, cómo la compacidad soberana del capitalismo es productora de nuda vida y así se comporta como el principal agente biopolítico, en un sentido que acaba con las ambivalencias que al respecto nos legó Michel Foucault. Agamben asegura, y esta afirmación es central en su pensamiento, que allí donde la nuda vida del emigrante, del exiliado, del internado en el campo de concentración, del habitante de los campamentos de refugiados, se impone como único valor del mundo contemporáneo, allí se están creando las condiciones para una biopolítica que estructuralmente, tarde o temprano, necesitará de la institución de los campos de concentración, los famosos *Lager* de la época de los nazis. Su argumento es que esta síntesis potencial —y ya a veces actual— de capitalismo y campos siempre será el efecto preferido de una soberanía y la función del Estado. Este punto es decisivo para diluir las ilusiones —fomentadas por Foucault y por el neoliberalismo— de que el presente ha dejado atrás la forma política soberana. Esta le sigue siendo tan necesaria al capitalismo como el primer día y es su agente mundano. La consecuencia es que, allí donde la vida se ha reducido a nuda vida, es muy difícil que se imponga, y mucho menos que se respete, el discurso de los derechos humanos. Frente a todos los discursos consolatorios, el soberano vigente no es funcionalmente afín con esa problemática. El portador de la nuda vida que instituye la soberanía no puede ser el sujeto de los derechos humanos, que es siempre una realización estatal. En la medida en que el mundo contemporáneo del capitalismo promueve una figura soberana excluyente, reduce toda la retórica de los derechos humanos a palabrería vacía. La aspiración final de la obra de Agamben es, sin embargo, avanzar a entrever un mundo en el que las promesas radicales de los derechos humanos puedan ser realizadas, aunque sin la mediación del derecho. Quizá un sentido alternativo de *homo sacer* ajeno a la soberanía, y una universalización de la nuda vida desde nuestra estructura animal genérica, podrían darnos una idea de ese otro futuro.

De esta manera, este libro acepta las tres conclusiones que extrae Agamben de su investigación (HSi 162), a saber: primero, que la nuda vida genera una zona de indistinción y de excepción, al margen de las dualidades básicas de la vida de la *polis*; segundo, que la prestación central del poder soberano actual es la producción de nuda vida de los excluidos; y tercero, que el campo es el paradigma biopolítico de Occidente, el que acogerá a esos excluidos, algo que viene haciendo desde el tiempo contemporáneo que se inauguró en 1933. Sin embargo, insisto en negar la equiparación de nuda vida y *homo sacer*. Este último concepto procede de un mundo atravesado por las potencias míticas, mientras que el concepto de nuda vida emerge en un mundo que se acredita en destruir toda posibilidad del trabajo del mito y en reducir al ser humano a la pura *inmediatez* de la vida biológica, para disponerla al encuentro inmediato y directo con los mundos técnicos de la vida que el capitalismo promueve. *Nuda vida* es el *shibboleth* para el ingreso al mundo técnico de la vida en la época de la subsunción real propia de la sociedad capitalista contemporánea. Esta es la peculiaridad y el poder del soberano anónimo del capitalismo, no de los poderes arcaicos politeístas. Aquí estaré siempre con Blumenberg.

Este hecho no es banal y permite hacer pie de forma sólida en mis críticas a Agamben desde una metodología de la historia conceptual. El soberano estatal, durante toda su historia, ha generado forma de vida, no nuda vida; ha impuesto sacrificios, cierto, pero esa imposición no pudo llevarse a cabo sin rituales y mitos, como ha mostrado Ernst Kantorowicz en su importante obra, que Agamben conoce muy bien. Es el soberano capitalista anónimo del presente, el propio de nuestro tiempo, el que ha abandonado esa dimensión mítica que requiere toda ciudad o Estado, el que ha abandonado la forma personal de la soberanía y se esconde en un anonimato que se entrega a la producción genérica de nuda vida, reduciendo toda forma de vida a aquella que se prepara como *tabula rasa* para la subsunción completa de la existencia al capitalismo. Este rito de tránsito a través de la muerte de toda forma de vida concreta no tecnificada ni mercantilizada presenta la funcionalidad de disponer toda existencia para la entrada en el escenario del mercado y de la producción de mercancías. Este procedimiento, que se rige por una economía de disminución de gastos y una racionalización ingente, es ciertamente afín a los poderes totales que en los campos nazis se presenciaron por primera vez. La diferencia reside en que, en el caso del capitalismo actual, esa erosión radical de las formas de vida, hasta dejar desnuda la vida, sirve a la canalización de la pulsión de placer y la producción de deseo a través de los dispositivos técnicos del mercado —pulsión que se experimenta subjetivamente como libertad—, mientras que en el *Lager* todo se administra económicamente con la vista puesta en la producción de muerte. Esa diferencia no es lo más relevante, sin embargo. Lo más relevante es que en uno y otro caso se juega solo con la pulsionalidad abstracta, la estructura básica de la nuda vida. Por eso, nuda vida es un concepto propio del capitalismo contemporáneo y no una categoría procedente de la ontología. No es esencial a todo soberano, sino al soberano actual anónimo y burocrático. Es así como este libro espera poder mostrar lo discutible de los planteamientos de Agamben sin despreciar nada de lo que en él resulta fascinante y utópico.

Por lo demás, una posición que asume los planteamientos mesiánicos de Benjamin no puede ser ignorante respecto de las dificultades que el mundo del derecho opone a la irrupción mesiánica. En realidad, Agamben es perfectamente consciente de este punto. El cuarto capítulo está dirigido a exponer el sentido de lo irrealizable. Sin embargo, aquí, una vez más, en las descripciones de formas de vida que han asumido el rango de apoyarse en la nuda vida y en la identificación de sus tradiciones, desde el franciscanismo a la mística sufí, Agamben muestra que lo irrealizable también afecta a la dimensión profunda del deseo humano y que, generación tras generación, ha sido pensado, perseguido, deseado, buscado. Aquí mostraremos el sentido de estas posiciones, que nos traen una idea diferente de justicia, de uso, de bien, de economía y de belleza, y por supuesto, de eso que podría llamarse cosmopolitismo acósmico. Por eso recordaré, para finalizar esta presentación, aquella frase con la que Weber ponía punto final a su *Política como vocación*, a saber: que solo se logrará saber qué es lo posible si una y otra vez no deja de intentarse lo imposible. La grandeza de Agamben está en ofrecer el pensamiento actualizado de eso que desde hace milenios el ser humano busca a pesar de que sea irrealizable.

1

BIOGRAFÍA

Aunque Agamben es bastante viajero, nunca se ha movido de su sitio. En este sentido ha vivido siempre como la hierba, fiel a su lugar. Su sitio es su escritorio, su estudio. Esa es la impresión que se sigue de esa especie de autobiografía que no es sino la biografía de su relación con otros que nos ha legado en el bello libro *Autoritratto nello studio*, editado en 2017 en la casa milanesa de Nottetempo. Si miramos su trayectoria vital debemos decir que nuestro autor nació en Roma, el 22 de abril de 1942, y se licenció en derecho con un trabajo sobre Simone Weil. Participó del círculo de Pier Paolo Pasolini en los años sesenta, fue amigo de la novelista y ensayista Elsa Morante y de la poetisa alemana Ingeborg Bachmann, de quien nos mostró una simpática fotografía en el ya citado *Autoritratto*. Luego de su dedicación a Heidegger a finales de los sesenta, marchó a París a inicios de los setenta, donde trabó amistad con Guy Debord, Italo Calvino y otros famosos intelectuales de los que hablaremos. Por este tiempo enseñó en la Universidad de la Alta Bretaña. En su periplo viajero fue a dar con el Instituto Warburg de Londres, y hacia finales de los ochenta y primeros noventa se vinculó al Collège International de Philosophie de París, donde conectó con intensidad con Jean-Luc Nancy y Jacques Derrida. Esta convergencia se aprecia de forma importante en su obra, como por ejemplo en *La comunidad que viene*.

Agamben fue durante mucho tiempo profesor en Macerata y Verona y finalmente en el Istituto de Architectura de Venecia. Sin embargo, eso no le impidió enseñar en otras instituciones universitarias de Estados Unidos, Alemania, Francia o Suiza. Inició una estancia frustrada en Nueva York, en 2004, que hizo abortar en protesta por las medidas sobre la emigración de la Administración estadounidense. Ha recibido el doctorado *honoris causa* de la Universidad de Friburgo y varios premios europeos. Su biografía es la de un académico de renombre internacional. Sin embargo, Agamben es mucho más, y eso es lo que debe mostrar esta mínima biografía, si quiere ser una vía de aproximación al sentido de su obra.

Al escribir su autorretrato, Agamben quiere producir la impresión de que, a pesar de todo ese movimiento de aquí para allá, él siempre ha vivido en su propio estudio, en su celda. Puede estar en Roma, en París, en Venecia o en otros lugares, pero siempre vemos el mismo *scriptorium*. Por supuesto, Agamben no es el primero en escribir una biografía que se funde y unifica con la realidad objetiva de una casa o un espacio habitado. Mario Praz hizo algo parecido en su bello libro *La casa de la vida*. Pero en el caso de Agamben, este desaparecer entre los objetos de su estudio, cuadros, fotos, pinturas, mesas, archivos, cuadernos y libros, es algo filosóficamente fundamentado y, sobre todo, se basa en una poética que va más allá de la memoria. Agamben lo interpreta como algo propio de nuestra condición de epígonos. Lo que fue una maldición para las generaciones que sucedieron a Nietzsche, para él se transforma en la condición humana. Con ella se reconcilia Agamben y en su prosa se deja ver una vibrante emoción hacia esos objetos humanizados, portadores de profunda vida, en la que vivos y muertos se dan la mano en una continua danza. Somos resultado de esa vida encarnada en objetos, huella de nuestras amistades, y eso es lo que registran en su caso las fotos e incluso la propia realidad del estudio, con frecuencia transmitido por amigos, como sucedió con el genial Giorgio Manganelli, o con Antonio Negri en París.

Debemos decir que las amistades de Agamben, esas que tejen su biografía, constituyen la flor y nata de la intelectualidad mundial de la segunda mitad del siglo XX, desde Heidegger a Derrida, desde Gershom Scholem a Nicola Chiaromonte, cierto; pero, al mismo tiempo, y como contrapunto, muchas veces esas personas le permiten a Agamben perseguir las huellas de los míticos pensadores del primer tercio del siglo XX, como Walter Benjamin y sus rivales, como Max Kommerel o Norbert von Hellingrath, o las de otros grandes como Hannah Arendt, que han ejercido una poderosa influencia sobre él. Pero —y en modo alguno es menos relevante— ese rico mundo de referencias internacional se engasta en un mundo cotidiano de personas quizá no tan conocidas para nosotros, pero que constituyen la densa red de una rica cultura nacional como es la italiana. No hablo solo de los grandes italianos de este siglo, desde Moravia a Calvino o Pasolini. Hablo de poetas, artistas, pintores, personas del teatro, italianos o residentes en Italia, que tejen una densa red de estímulos y que con su actividad ofrecen a Agamben un cosmos de percepciones rico y estimulante. Hay algo muy italiano en este cruce de genios mundiales y de creadores más sencillos. Aquí el aristocratismo de los espacios que habitó Agamben casa bien con la condición elitista de sus amistades, pero en todo caso se trata de un aristocratismo natural, sencillo, como se percibe en tantos lugares de

Roma y de Italia. Del cruce de estos mundos ha surgido una empresa editorial como Quodlibet, fundada por sus discípulos en Macerata y que se ha convertido en una plataforma editorial del cosmos Agamben. En ese mundo hay que situar autores que son verdaderos *arcana*, como Etty Hillesum, la autora de un diario tan conmovedor como el de Ana Frank, cuyo destino compartió; o Joseph Rykwert, el gran teórico de la ciudad.

Podemos decir entonces que la biografía de Agamben consiste en esas relaciones humanas, en todos esos cruces en los que el autor se olvida de sí mismo, pero nunca se olvida de su obra. Por esas relaciones, a veces de gran influencia existencial, como sus encuentros con Martin Heidegger en 1966 o 1968, o su entrañable amistad con José Bergamín, su obra está caracterizada por esa concentración e intensidad que responde a su identidad con la vida misma. Bergamín no es el único español relevante en la vida de Agamben. También deberemos recordar a los pintores Ramón Gaya, a Paco López, a Antonio López, que lo acercaron a España de una forma que se transfigura siempre en la obra[1], que no deja de mostrar una profunda afinidad electiva con esta tierra de místicos intramundanos y de su metamorfosis en pintores realistas[2]. Tampoco anda lejos de

1. A pesar de todo, Agamben participó en la edición italiana de José Bergamín, *Decadenza dell'analfabetismo*, que editó Rusconi en 1972. El asunto formaba parte del contexto cultural amado por Pasolini y por Di Martino.
2. Debemos recordar que Giorgio Agamben es el traductor de san Juan de la Cruz. Cf. su introducción «La notte oscura di Juan de la Cruz» a su propia traducción de *Poesie*, Einaudi, Turín, 1974. Creo que la relación con Bergamín es de una intensidad especial, como corresponde a un hombre de excepción como fue él. Sin embargo, uno esperaba encontrar en su biografía alguna mención a María Zambrano, con cuyo pensamiento coincide en tantas cosas. Las páginas del autorretrato dedicadas a Bergamín son de una relevancia incuestionable. Por lo demás, la capacidad de traductor de Agamben no se agota en la cultura española. Ha traduci-

Agamben el mundo de al-Ándalus, con sus místicos sufíes. En realidad, Agamben es el único gran filósofo del siglo XX que se ha mantenido fiel a las grandes direcciones islámica, judía y cristiana del alma de Europa. Él sabe que eso se debe a su condición latina, sureña, mediterránea, tan diferente de la parte norteña de nuestro continente. Sobre esa experiencia ha construido su aspiración a un mundo sin fronteras, en el que el animal humano pueda gustar de cualquier forma de vida desde la potencia abierta de su *zoê*. Quizá por eso también su relación con España sea tan profunda. Cuando Agamben recuerda una noche de *jaleo* en Sevilla, en 1992, en medio de cantaores míticos como Pies de Plomo, no puede dejar de narrar su experiencia extática en analogía con las danzas de derviches que, en su caso, no supieron cesar de bailar internamente mientras cantaban.

Aunque alguien podría decir que Agamben es un refinado capturador de instantes, debemos recordar siempre que de esas contemplaciones emergen las visiones que pasan a sus textos mediante elaboradas estructuras metafísicas. Si cree, con Esther Hillesum, que el alma siempre tiene doce años, es porque Agamben mira el mundo con esos ojos y conserva una penetración especial para hallar el ángulo desde el que las cosas producen admiración. Pero, en medio de estas experiencias decididamente poéticas, su pequeño gran mundo se forma de nombres que van desde Simone Weil, que le inspiró *Homo sacer*, a Guy Debord, el autor de *La sociedad del espectáculo*, o a Yan Thomas, un jurista entregado al derecho romano, cercano del importan-

---

do también a Marcel Griaule, uno de los alumnos de Marcel Mauss, del que vertió al italiano *Dio d'acqua* (Bompiani, Florencia, 1968). Esa mística del ver, que tanto resuena en san Juan de la Cruz, se muestra también en su estudio sobre Paul Valéry, «L'io, l'occhio, la voce», de 1980, o en «La pasión de la indiferencia», un estudio sobre Proust.

te Pierre Legendre, cuya finalidad también era mostrar la imposibilidad de cumplir la divisa *vitam instituere*, de articular la vida a través del derecho. La vida como una realidad que alberga un continuo excedente frente al derecho unió a estos amigos. En medio de todo, las amistades parisinas, con Toni Negri a la cabeza, que le dejó su apartamento; o con Pierre Klossowski, que lo impactó con *Un si funeste désir* o *La vocation suspendue*; y con Nancy, con quien tanto lo une, como ese profundo elemento de cristianismo, y del que se distanció a partir de los años noventa.

Agamben nos ha desvelado sus *arcana* en este autorretrato biográfico en que desgrana los elementos de su estudio. No ha dejado de mencionar a los más oscuros y desconocidos, como el surrealista René Crevel, o los inimaginables, como Alfred Jarry, junto con los más evidentes, como Hermann Melville, el último gran teólogo calvinista. Con ellos ha vivido en una mística de la lectura como forma específica de amor, y es aquí donde se cumplen todas las condiciones de lo que llamará «el tiempo que resta» en uno de sus más bellos libros. La lectura es la garantía de situarse en un «presente imaginario» fuera del tiempo cotidiano. Con todos esos elementos en juego, con Agamben no se está nunca seguro de haberlo comprendido siempre del todo. Ese efecto es buscado, no solo para evitar lo que confiesa, que él no quiere tener discípulos; sino porque la comprensión no es necesariamente la mejor experiencia de un texto o de un autor. El lema de Agamben, que resulta también un muro de resistencia a la apropiación, es que no solo hay que comprender lo que un autor ha entendido, sino justo aquello que no está claro para él. No hay otra forma de hacerlo que identificando lo que no está claro para nosotros. Procuraremos en el texto que sigue cumplir este lema.

Sin embargo, y como ya he dicho, hay algo en esta autobiografía peculiar que debe ser rescatado a toda costa. Se trata de la profunda inserción de Agamben en la cultura italiana. Si la obra de Agamben es una frontera siempre de paso entre filosofía y poética, podemos asegurar que la dimensión italiana es muy importante para descifrar ese elemento poético. Creo que lo que ha hecho de él un autor mundial es la capacidad de mirar la producción filosófica clave del presente desde la poderosa tradición cultural italiana. Lo digo no solo por la presencia continua de Dante, o de San Francisco de Asís, sino por la capacidad de anclar en contemporáneos como Giorgio Caproni, que para Agamben expresa la ruina de la sociedad italiana de los últimos años setenta y el anhelo de una forma anárquica instalada en un tiempo sin tiempo, un motivo muy central de su pensamiento. «Todo / resta ahora tal cual / nunca lo hube dejado», dice uno de sus versos, un pequeño ejemplo para demostrar la convergencia de Caproni con la obra filosófica de Agamben. Podríamos invocar muchos más y tendríamos que ir desde la poesía a la filología, con la presencia rotunda de Giorgio Pascuali, el gran autor de *Storia della tradizione e critica del testo*, que puso su firma en el manifiesto antifascista de Croce y que junto a Émile Benveniste es una influencia decisiva; o a la epistemología, con Enzo Melandri, el estudioso de la analogía, tan relevante para Agamben en un libro del que pronto hablaremos, *Signatura rerum*.

Con todos estos elementos, Agamben ha compuesto la realidad que domina en esa alegría general que habita en el estudio, esos cuadernos de notas, de comentarios, de citas, que suman más de treinta volúmenes y que constituyen el germen de su obra publicada. Aquí, en estos cuadernos escritos a mano es donde el estudio se vuelve *scriptorium* y donde Agamben deposita el fruto de su vida. «El secreto de un escritor está encerrado en el espacio en blanco que separa los cuadernos del libro», ha dicho. Estos cuadernos, que recuerdan las meticulosas anotaciones de Walter Benjamin y que, como en el caso del maestro berlinés, también capturan las exquisiteces de la cultura filosófica mundial, constituyen el signo y la marca de esa corporación caracterizada por mantener una forma de vida, *la forma della ricerca*, y de hacerlo en una fuga sin fin, pues infinita es la investigación. Ahí encontramos la expresión de la pasión que mantiene frenada la impaciencia de la pulsión de muerte, eso que Agamben llama estilo, y que de forma tan visible atraviesa su obra entera. Hermano de esa impaciencia frenada, no es un azar que Benjamin sea una fotografía central en su estudio. De incalculable ha calificado Agamben su deuda con la obra del alemán, de quien además ha dicho que es la única que de verdad quisiera continuar, y eso porque ha pensado la vida de tal manera que el futuro no tenga derechos sobre ella.

Ahí reside la contraposición esencial de Benjamin con aquel grupo de poetas que formaron el Stefan George-Kreis, que aspiraba a purificar la Tierra desde un concepto adecuado de Alemania, aquella Alemania secreta que Furio Jesi, otro *arcanum* de Agamben, estudió con suma atención. Pero si volvemos a Benjamin, de él habló Agamben en términos de haber logrado una intimidad tan mágica, que casi llegamos a valorarla como su reencarnación. La historia de su relación con Blumenthal, el amigo de Benjamin, y con Scholem, o la persecución detectivesca de manuscritos y cartas de Benjamin, es la propia de un amnésico que quisiera recuperar la noticia de su vida. Todo este componente presenta una intensidad tal que permite comprender la autoconciencia de Agamben de traerse entre manos algo importante. Su voluntad última, por mucho que utilice a veces el arsenal de Heidegger, no es otra que reconstruir las percepciones de quien ofreció al mundo la renovación del mesianismo.

Y en verdad, Agamben ha sabido exponer ese comunismo mesiánico inmanente al mundo y a la vida con toda la fuerza especulativa de quien conoce a fondo desde las tradiciones neoplatónicas al mundo gnóstico, como ese Evangelio de ese san Felipe que Pasolini, con toda penetración, le hizo representar en su gran obra sobre la vida de Cristo según san Mateo; desde los místicos sufíes a los franciscanos; desde los averroístas a Spinoza. Todo ese arsenal, sin embargo, está puesto al servicio de una crítica radical del derecho, del Estado, de la economía, de la Iglesia y de la teología.

Cuando acabó su autorretrato, Agamben puso allí su confesión de fe. De forma que quizás pudiera sorprender a quien no conozca la profunda lógica de su pensamiento, dijo esto: «Si tuviese que decir ahora en qué he puesto finalmente mi esperanza y mi fe, solo podría confesar a media voz: no en el cielo, sino en la yerba. En la yerba, en todas sus formas, en los espartos de tallos delgados y en el trébol gentil, en el altramuz, la verdolaga, la borraja, la campanilla blanca, el diente de león, la lobelia, la menta, pero también la grama y la ortiga, en todas sus subespecies, y en el noble acanto que cubre parte del jardín por el que paseo todos los días. La yerba, la yerba es Dios. En la yerba, en Dios, son todos aquellos que he amado. Por la yerba, en la yerba y como la yerba he vivido y viviré». Todas las preguntas de Agamben podrían resumirse en esta: ¿Por qué los humanos no podrán alcanzar la perfección de la vida sin fronteras de la yerba? Ese sería el sentido sencillo y más profundo de su filosofía. Esa sería la realización de la justicia viva. Sin embargo, esta filosofía es extremadamente sutil y compleja, como ahora vamos a ver.

2

¿CÓMO SE CONSTRUYE UNA FILOSOFÍA?

«Una impaciencia que se convierte en método»
G. Agamben, *Autoritratto nello studio*

1. AGAMBEN COMO FILÓSOFO ABSOLUTO

Agamben es un pensador altamente especulativo. Define esta cualidad a un tipo de filósofo que organiza su pensamiento sobre la recepción y el comentario de los textos de otros pensadores en una conversación autorreferencial. El origen de este tipo de filosofía es la hermenéutica bíblica y su taller necesita siempre ciertos textos sagrados. Su presupuesto, que esos textos sagrados hablan al ser humano con independencia del tiempo. Un tipo contrario de filósofo sería aquel que asume un minimalismo científico como punto de partida de la tarea del pensamiento. Su origen se halla sobre todo en la filosofía moderna kantiana y su presupuesto es su autoconciencia localizada en un momento de la historia del pensar. Como pensador especulativo, el virtuosismo de Agamben es excepcional. Podríamos llamar a estos pensadores como él *filósofos absolutos* porque presentan, en el campo de la filosofía, la última fase de lo que, en todo campo creativo, implica la lógica de especialización propia de las sociedades actuales. Son filósofos que escriben desde otros filósofos para otros filósofos, de la misma manera que hay cineastas que filman sus películas con citas de otras cineastas y ofrecen su obra a la mirada experta de unos terceros. Esta fue la lógica que impusieron por primera vez los literatos románticos, que hablaron de la literatura absoluta como aquella que se nutre solo de la recepción de otras obras literarias. Retrospectivamente, sin embargo, también podemos hablar de la medieval como la época de la teología absoluta por su propia figura autorreferencial. Por supuesto, esta orientación presenta todos los efectos de un virtuosismo aristocrático que ofrece un aire de familia común a todos los que se embarcan en procesos intelectuales absolutos, desde el rabino al escolástico, desde el hermeneuta humanista al filósofo sistemático. De ahí que, a veces, el virtuosismo especulativo de Agamben ofrezca semejanzas y cercanías con las formas medievales de argumentar. Creo que al propio autor le satisfacen estas proximidades. Agamben, es verdad, no puede esconder una cierta admiración por aquel mundo. La ventaja de estos pensadores absolutos, auténticos *clercs*, reside en que son objeto de culto de todos los que se consideran participantes del campo. Eso ha determinado que Agamben se haya convertido en un éxito filosófico mundial.

¿Existe otra posibilidad hoy que la de ser filósofo absoluto? ¿No sería la alternativa solo una invitación a la condición diletante?, se podría preguntar el lector. Por mi parte, sigo pensando que es una cuestión de dieta, como diría el excéntrico Ludwig Wittgenstein. Existe la posibilidad de construir una filosofía que, aunque invoque antecedentes específicamente filosóficos, sin los cuales no hay precisión técnica, pueda construir textos que estén en relación con las realidades en las que vivimos, de tal manera que no se conviertan en textos absolutos, sino en índices y factores que tienen sentido respecto de realidades históricas temporales, las facticidades que hay que mediar por conocimientos científicos adecuados. Estos textos buscarían todavía una referencia y, como diría Reinhart Koselleck, ofrecerían una semántica histórica. Una filosofía así construida tendría que llevar el estigma de su tiempo, su circunstancialidad y su historicidad. Su valor sería así parcial y limitado. De seguro que no rozaría el campo de lo ontológico como lo que unifica la historia. No podría ser una filosofía absoluta.

Pondré un ejemplo. Podemos analizar la obra de Walter Benjamin como texto intemporal —no hay mejor festín para el filósofo absoluto— o bien como expresión significativa —como índice y factor— que obtiene su sentido más preciso en medio de las realidades de la Primera Guerra Mundial, de la República de Weimar o del ascenso del nazismo. Eso por supuesto sería indiferente respecto al hecho de que aquellas condiciones peculiares sigan siendo las nuestras, como sin duda afirmaría Adorno. En todo caso, quien haga lo primero —mirar a Benjamin al margen de una experiencia de su tiempo histórico— argumentará que está haciendo una lectura de sus textos desde el campo de la ontología. De este modo, la ontología se convierte en el terreno donde se mueven los filósofos absolutos que ofrecen sentidos que neutralizan el tiempo histórico. Al hacerlo, se dejan llevar por el gesto de Heidegger de apreciar categorías válidas para la totalidad de la historia en tanto historia de la metafísica. La ontología es el argumento absoluto de la filosofía y genera una espacialidad propia en la que se ha neutralizado las localizaciones particulares del tiempo histórico. Todo texto filosófico de valor ontológico vive en un presente alargado porque define el tiempo amplio de lo que no cambia en el fondo. La ontología se convierte así en un simulacro de las conversaciones eternas que Platón prometía para nuestra estancia en las Islas de los Bienaventurados. Por ejemplo, leer los complejos análisis sobre el concepto de *Chrêsis* (HS, 1040ss.) en Aristóteles produce una especie de gozo que debe ser muy parecido al de cumplir esa promesa.

Por mi parte, no quiero negar el nivel ontológico de las discusiones filosóficas, pero deseo, en la vieja línea de Kant, reducirlas a discusiones conceptuales. Sin embargo, los conceptos no son estructuras perennes ni eternas. Son producciones humanas temporalizadas y tienen autores e historia, transformaciones y metamorfosis propias de las herramientas. Se refinan, se construyen, se abandonan, se deforman, pero no revelan la estructura del Ser. Nos permiten pensar las realidades en las que habitamos, pero no revelan una realidad intemporal y metahistórica en cuya identificación se haya especializado la mirada del gremio de los filósofos desde el inicio de su institución. Al contrario, esta institución surgió para captar la novedad y reducir la inquietud que produce. Ese último residuo ontológico del viejo *Logos* husserliano no lo veo creíble. Si respetamos la condición histórica de los conceptos, si hacemos de la ontología algo que debe quedar atravesado por la condición histórica, algo que jamás alcanza el nivel del Ser, como reconocieron Karl Marx, Friedrich Nietzsche, José Ortega y Gasset, Max Weber, Reinhart Koselleck y Hans Blumenberg —estos últimos filósofos que Agamben apenas cita—, entonces debemos fijar mediaciones para establecer su sentido, estrategias para medir sus diferencias, tomar distancias respecto de ellos, e identificar la continuidad o discontinuidad de percepciones y realidades que ordenan y piensan. Entonces estamos en condiciones de utilizar la experiencia filosófica para caracterizar nuestra experiencia histórica en la medida en que apreciemos diferencias y analogías en su devenir. No tenemos otra opción para captar el tiempo histórico que trazar las diferencias conceptuales entre las formas en que lo captaron nuestros precursores y las nuestras. Sin embargo, no nos sentimos vinculados a mantener una continuidad de la experiencia como si fuera una imposición de la continuidad de los conceptos. Si eliminamos la mediación que produce la incorporación de alguna ciencia de realidad siempre cambiante en el estudio de los conceptos, si eliminamos la fortaleza de las aportaciones de un minimalismo científico temporalizado, entonces el texto filosófico tendrá una significación y valencia absolutas, nos inclinará a pensar una continuidad de experiencia entre las diferentes épocas históricas, y sus conceptos podrán ser empleados en su montante de verdad al margen de cualquier otra consideración crítica. Creo que el método de Agamben es de esta índole, y aunque por lo habitual es consciente de su unilateralidad, no siempre le pone remedio. En realidad, a veces no siente la necesidad de hacerlo.

Esta forma absoluta de entender la filosofía tiene su propio horizonte de perfección. La producción filosófica disponible en la historia se debe trabajar y elaborar en tesis, filosofemas, orientaciones, enunciados y estrategias discursivamente coherentes, todas las cuales tienen el valor de posiciones ontológicas, el nivel adecuado de una discusión en profundidad. Esos elementos se extraen de textos filosóficos a los que se concede un valor de verdad al margen de su historicidad. A menudo se halla ese valor de verdad a través de complejas etimologías y refinadas disquisiciones filológicas que, por supuesto, condicionan el horizonte intemporal de sentido. La exigencia del pensar, propia de esta orientación, acaba por construir un magnífico puzle con la integración de todos esos elementos en un todo coherente. Por supuesto, esta actividad requiere un virtuosismo considerable en el manejo de abstracciones. Sin ninguna duda, el resultado será una filosofía muy tecnificada y no quiero negar que podrá ofrecer una concepción filosófica unitaria, coherente, lógicamente trabada, imponente. De ese modo se ofrecerá una réplica de gran estilo a los viejos sistemas. Esta grandiosidad, por lo demás, resulta propia del filósofo absoluto. El proyecto completo de *Homo sacer* de Agamben goza de esa característica y se aprecia bien cuando se contempla la edición final, que reúne todas sus partes en un solo volumen. Es un gran mérito de Agamben presentarnos, como resultado complejo de su actividad, una obra integral que ofrece lo más cercano que tenemos a una concepción cerrada de la realidad vista desde el espíritu de nuestro tiempo. Sin duda, esa es la aspiración del filósofo absoluto. Nada de lo más relevante que han dicho los autores que construyen la tradición de la ontología —desde Aristóteles a Heidegger pasando por Averroes y santo Tomás— deja de tener su lugar funcional en la construcción absoluta; pero lo relevante no es quién se ha seleccionado ni quién se queda fuera, sino la lógica interna de ese mismo dispositivo teórico. Y es que el filósofo absoluto no puede dejar de hablar desde el dispositivo de la ontología. Todo cabe en la medida en que se respete esa lógica. En ella lo fundamental es construir un dispositivo ontológico. El filósofo absoluto aspira siempre a ofrecer el dispositivo de la ontología.

2. EL DISPOSITIVO AGAMBEN

Puesto que Agamben ha escrito un ensayo que se llama precisamente así, *¿Qué es un dispositivo?*, podemos verificar con facilidad si su propia construcción filosófica forja uno. El sentido del dispositivo emerge del problema del gobierno de los seres humanos y por eso tiene que ver, como sabía Aristóteles, con la estructura del *Logos*. Un dispositivo se basa en un conjunto heterogéneo de discursos, leyes, instituciones y medidas policiales[1] (D 11). Pero también, lejos de estas dimensiones, consiste en algo más humilde, en un conjunto de «proposiciones filosóficas». La clave del dispositivo es la red que se forma con esos materiales. Pues, en ella, el dispositivo revela su estrategia y define su relación de poder. Por tanto, el dispositivo es el cruce de relaciones de saber y de poder. Recordando al gran hegeliano que fue Jean Hippolyte, Agamben afirma que la noción de dispositivo se parece estructuralmente a la noción de «positividad» (D 13). En este sentido es un «conjunto de creencias, reglas y ritos de una sociedad determinada» que en un momento histórico se impone a los individuos. Así que constituye una dialéctica de libertad y de coacción. Concreta la razón en la historia. Por tanto, se trata de un elemento histórico, de la forma específica en que juega la razón en la historia y se «adecúa a la riqueza concreta de la vida» (D 14). En términos de Foucault, el dispositivo juega como los universales que ofrecen un *a priori* histórico, una universalidad concreta. Dispositivo así es una cristalización de la *dispositio*, una forma de gobierno históricamente dada dentro de la necesaria gubernamentalidad general que atraviesa la historia. Por tanto, alberga una clara herencia teológica de mirada total y dinámica y por eso podemos decir que Hegel tenía razón al destacar el problema de la religión positiva como punto de partida de su crítica al pensamiento cosificado. Pero en tanto cristalizado de gobierno, el dis-

---

1. G. Agamben, *¿Qué es un dispositivo?*, Anagrama, Barcelona, 2015 [en adelante, D y página].

positivo implica un proceso de subjetivación, y en este sentido es un aparato de producción de subjetividad. Instaura un conjunto de praxis, de saberes, de medidas que orienta la acción subjetiva en un sentido que afecta «a los pensamientos de los seres humanos» (D 22).

La filosofía de Agamben, más que ninguna otra actual, cumple muchos de esos requisitos. Ella rige el sentido de la actividad filosófica como ámbito absoluto hoy y, por eso, merece el nombre de dispositivo. Por supuesto, no es un dispositivo total, porque nuestra sociedad se escinde y especializa en diversos terrenos de acción social. Pero sí es un dispositivo filosófico porque determina la positividad filosófica con enorme eficacia, genera la subjetividad del filósofo al orientarlo hacia determinados pensamientos, impone métodos y estrategias, gobierna la inteligencia de los que desean aquí y ahora ser reconocidos filósofos, intercepta y desprecia argumentos que no estén al nivel de la ontología, modela los pensamientos que se dirigen a captar el presente. Todo lo que Agamben dice que hace un dispositivo, en cierto modo lo hace su obra. Asegura «los gestos, las conductas, las opiniones y los discursos de los seres vivientes» (D 23), orienta la escritura, la literatura, la filosofía y el lenguaje mismo, dada su capacidad de diseminación, fomentada por todas las grandes corporaciones editoriales. Incluso en algunas recepciones, especialmente miméticas, produce el aspecto de máscara, de conjunto de gestos estereotipados. La propia editorial presenta su *opus magnum* así: «Su obra está traducida y comentada en todo el mundo. Con el proyecto *Homo sacer* ha consumado una transformación del pensamiento político contemporáneo». En defensa de Agamben es preciso decir que el ser humano no puede vivir sin dispositivos. Estos constituyen los caminos por los que los seres humanos se humanizan y están implicados en el proceso de socialización. La filosofía de Agamben tiene la potencia de identificar una forma de subjetivación en el presente, la propia del filósofo absoluto. Quienes la aceptan, los llamados filósofos, encuentran en ella una forma específica de goce. Él ha sabido captar «en una esfera separada» de la vida (D 27) cierto deseo sin el que algunos seres humanos al parecer no pueden ser felices: disponer de una imagen más o menos cerrada de su propio tiempo expresada en una red de conceptos extraídos de todas las filosofías del pasado. Es una forma de entender el propio tiempo como culminación de la historia de la ontología. Esa es su pretensión ontológica.

Agamben, sin duda con buena fe, quiere arruinar los dispositivos para liberar a su propia realidad la vida que ha sido captada por ellos. Esta operación es calificada como profanación. Por ella, lo que tiene un uso privativo y sagrado se abre para disponerse a un uso común. De este modo, el bien sagrado pierde su aura religiosa y se convierte en cosa profana, utilizable por cualquiera. Ese concepto será importante en la obra de Agamben y, en cierto modo, es también lo que quiere hacer este libro, profanar la filosofía de Agamben. Quiere liberar del dispositivo de Agamben, no porque sea una máquina perversa, sino sencillamente porque quiere utilizar muchos de los bienes argumentales, que indudablemente encierra su cofre hermético de mil trescientas páginas, para lograr un uso que no participe de forma nítida de su dispositivo, que es el propio de una obra cerrada, a la que uno se adhiere asumiendo poderosas coacciones.

Eso implica romper su aura, desde luego. Dejaré de lado las enigmáticas relaciones del dispositivo con la confesión, sugeridas por Agamben. Me concentraré en la dimensión de producción de subjetividad que poseen los dispositivos y en la necesidad de resubjetivar el pensamiento. Creo que el proceso de desubjetivación que implica separarse del dispositivo —en este caso, del que ofrece la filosofía de Agamben—, corresponde a una subjetivación alternativa real, que nos reúne con la vida concreta de otra forma. En realidad, al mantener esta actitud creo que soy coherente con aspectos del dispositivo que Agamben ha apreciado. Por ejemplo, que un dispositivo no se puede usar nunca de un modo correcto (D, 31). «¿Y si hemos estado leyendo mal a Agamben?», se preguntaba Mathew Abbot al principio mismo de su libro de 2014[2]. Yo estoy dispuesto a correr el riesgo. Así que me moveré por la filosofía de Agamben de un modo que busca ser precisamente incorrecto. Al final de su escrito sobre el dispositivo, Agamben ha descrito nuestra sociedad como «el cuerpo social más dócil y cobarde que se haya dado jamás en la historia de la humanidad» (D 32-33). Por eso ha caracterizado nuestro tiempo como preso en «los interiores de una inmensa prisión». Es posible que tenga razón. Por mi parte, yo no pretendo con este librito escapar a esta condición común, desde luego, ni pienso huir de la caverna y elevarme hasta el sol. Solo pretendo escapar al dispositivo Agamben porque pretendo activar ese «ingobernable que es el inicio» (D 34) de la actividad del pensamiento.

3. GRANDES AUTORIDADES
DEL DISPOSITIVO ONTOLÓGICO

En el fondo, lo que haré aquí es lo que sucede siempre, lo propio de la vida social, que implica adherencia y

2. M. Abbott, *The Figure of this World: Agamben and the Question of Political Ontology*, Edinburgh UP, Edimburgo, 2014.

distancia al mismo tiempo respecto de los dispositivos vigentes. Esa es nuestra condición. El trabajo de la subjetividad y sus efectos de divergencia es incancelable. Ahora bien, el teórico que trabaja dentro de un dispositivo, aunque sea el teórico del dispositivo, obviamente, negará que a su producción filosófica le subyazca un dispositivo, porque a fin de cuentas es un aparato de poder y nadie se siente inclinado a decir que está instalado en un poder, sobre todo si tiene simpatías anarquizantes. Pero en cierto modo, es así, como sabía Foucault, sobre todo cuando uno se convierte en un filósofo mundial que determina la agenda filosófica de muchas publicaciones, que es traducido a todos los idiomas del mundo y ve publicados sus trabajos en las incuestionables editoriales de referencia. Sin embargo, todo esto son síntomas. Lo relevante es interno al propio discurso. Una vez alcanzada la altura y el argumento desde los que se organiza el discurso ontológico, se tiene la clave formal por la que cualquier enunciado puede ser integrado, discutido o rechazado. Incluso a veces se puede usar el comentario altanero de que algo es despreciable porque no está a la altura de la profundidad ontológica. Como todo dispositivo de poder, el aparato discursivo de la ontología es un método generalizable de inclusión y de exclusión de enunciados, de declaraciones de amistad o enemistad teórica, de ellos/nosotros, de dentro/fuera de eso que se ha llamado *Italian Theory*. Estar fuera del campo del filósofo absoluto cuando se pretende ser también filósofo no es una condición cómoda. En todo caso, con el dispositivo, el campo filosófico queda organizado en sus líneas de intervención, un concepto schmittiano que Agamben no cita mucho y que en su origen quería garantizar el *pluriversum*.

Sabemos que Agamben es el gran constructor del dispositivo destituyente de la *Italian Theory* y que su proyecto tiene como punto de partida la conceptualización de la historia de la metafísica, llevada a cabo por Heidegger, como algo de lo que hay que separarse. Desde el principio de *Homo sacer* se nos dice que «la politización» de la nuda vida es «la tarea metafísica por excelencia». Sin embargo, al asumir esta tarea —añade Agamben— «la modernidad se limita a declarar la propia fidelidad a la estructura esencial de la tradición metafísica» (HS 22). Resulta evidente aquí la impronta teórica de Heidegger, que dicta el sentido completo de la empresa y que implica una actitud antimoderna clara, en tanto que la modernidad es la consumación de la vieja metafísica. Por eso, se trata de mostrar cómo esa historia del dominio de la metafísica, que subyace a toda la modernidad, hace pie en una «tenaz correspondencia entre lo arcaico y lo moderno». La modernidad queda así reducida en su especificidad. Si Heidegger veía en Aristóteles el comienzo de la ontoteología y la metafísica del sujeto que conduce a Nietzsche, Agamben, de modo paródico, ve en el *homo sacer*, interpretado a la luz de Aristóteles, el comienzo del pensamiento político y el aspecto inmemorial de los *arcana imperii*, hasta hoy.

Por supuesto, tan detestable es aquella metafísica como estos *arcana*. De aquí se deriva la tesis clave de que el pensamiento central de Carl Schmitt, la institución del estado de excepción como norma de la historia de la soberanía, es el fenómeno político que acompaña a la historia de la metafísica desde su inicio. Si toda la historia de la metafísica es la apuesta por un sujeto, toda la historia de la política es la apuesta por un soberano capaz de decidir el estado de excepción. El *hypokeimenon* de Aristóteles que denuncia Heidegger en toda historia de la metafísica es, en realidad, el concepto parejo del soberano de Carl Schmitt que denuncia Walter Benjamin en sus *Aforismos sobre filo-*

sofía de la historia y que hace del estado de excepción la norma constante que atraviesa la historia. El esfuerzo de Heidegger de destruir la metafísica ahora se culmina con el esfuerzo de Agamben de destruir la política soberana, la consecuencia política de esa metafísica. De este modo, la matriz más profunda del pensamiento de Agamben permite avanzar juntos de la mano a Heidegger y a Benjamin. Historia de la metafísica es la otra cara de lo que Benjamin llamaba historia natural. Su expresión es la barbarie soberana y bestial del Estado. No tenemos noticia de lo que se pensará en las platónicas Islas de las Bienaventurados de este emparejamiento. En todo caso, este es el horizonte teórico último de Agamben, por mucho que su propuesta no sea la paganizante *polis* étnica de la cuaternidad heideggeriana, ella misma política, que tampoco desconoció las obras de la soberanía, como experimentaron bien los embajadores de la desdichada isla de Melos, si hemos de hacer caso a Tucídides. No. Su propuesta es la más bien universalista, romana, mesiánica, cristiana y paulina de la superación de las etnias y de las comunidades políticas levantadas sobre ellas, para generar la comunidad que viene del humano cualquiera. Los dioses de Heidegger han regresado de nuevo al exilio con Agamben. Aunque me temo que su mesianismo universalista paulino tampoco es ciertamente el mesianismo de Benjamin, en todo caso es un mesianismo y no adora a ese dios que puede salvarnos de Heidegger.

Todo esto nos muestra que Agamben no está exento de originalidad. En esta dirección, ha concretado el sentido del Ser de un modo que Heidegger no logró con claridad. Eso es debido a su inspiración aristotélico-averroísta. En efecto, para Heidegger el Estagirita ya nos ofrecía un pensamiento demasiado ontoteológico, pero para Agamben, si se interpreta desde Averroes, puede reconocerse en él un sentido posmetafísico. Cuando se identifican las bases últimas de aquel pensamiento clásico en los términos de una potencia que se niega al acto, o de un acto que tiende a aumentar y proteger su propia potencia —como era el sentido del *Noûs* aristotélico o del intelecto agente—, o cuando se reniega por completo de este par de categorías de la sustancia (HS 1063), Agamben está refundando la diferencia ontológica en un sentido radical, que se abre paso contra cualquier argumento legitimador del *statu quo*, de los entes en acto y de la tradición de la filosofía de la acción y de la sustancia.

Sin embargo, y de manera sutil, es notorio que la consecuencia destituyente de todo aquello que está en acto, propia de este pensamiento, constituya una de las esperanzas de los teóricos afines a Agamben que apuestan por el poder constituyente *verdadero*, un poder que solo entra en función una vez lo vigente quede destituido. Ese poder constituyente también debe encerrar, como el intelecto agente, la condición de que, cuanto más se realiza, más protege su propia potencia. Esta es la base del respeto mutuo que se profesan Agamben y Antonio Negri. Por eso, y debo decir sinceramente que no sin razón, su pensamiento ha sido situado en la órbita de cierta izquierda radical. No debemos olvidar, por lo demás, que Agamben ha inspirado al colectivo Tiqqun, del que no podemos dar mayores referencias ahora. Podríamos decir que en la síntesis de Agamben con Negri se concitan de una manera adecuada los motivos del anarquismo con los propios de la tradición marxista, ahora alojada en la época de la subsunción real, del capitalismo culminado. Quizá la categoría de *multitud* es el puente más preciso entre ambas posiciones.

Desde luego, aunque Heidegger y Benjamin ofrecen la perspectiva central, el dispositivo de Agamben funda su autoridad y prestigio en que ha logrado introducir los grandes temas de prácticamente toda la filosofía contemporánea en su estructura discursiva. Esa capacidad de integración es un efecto claramente buscado. Por eso, una forma de análisis crítico de la filosofía de Agamben pasa por aplicarle la metodología deconstructiva. Esta aproximación analítica guarda claras promesas. Agamben parte, como mucho otros pensadores, de una paradoja. Toda su filosofía se desarrolla a partir de una interpretación del Holocausto, de la inmensa presencia de la muerte en los campos de exterminio nazis. Como sabemos, *Auschwitz. El archivo y el testimonio* es el libro más internamente conectado al primer volumen de *Homo sacer*[3]. Para Agamben, como para Adorno, este acontecimiento marca un antes y un después en la historia de la humanidad y eso a pesar de su estricta obediencia a estructuras ontológicas intemporales. También para Agamben hay una serie de cosas que ya no pueden hacer los seres humanos después de ese acontecimiento. Eso se debe a que los campos de exterminio muestran la verdad de la modernidad y conforman el dato ante el que tiene que constituirse la autoconciencia de nuestra sociedad[4]. Sin embargo, Agamben ha elaborado una filosofía que testimonia el horror de los campos, pero que tiene como fundamento último la integración de aquellos pensadores que, como Heideg-

---

3. Aunque en la obra completa lleva el rótulo de *Homo sacer* III, vio la luz antes que ninguna otra de las partes de la obra total, en 1998. Ocupa las páginas 759-882 de la edición integral de la obra completa.

4. Agamben no ha elaborado una teoría precisa de la relación entre el nivel ontológico y el acontecimiento. Auschwitz como acontecimiento marca la historicidad del presente, pero en el terreno ontológico debería ser una estructura constante de la historia humana. Así, Agamben se vería forzado a aceptar a la vez su relevancia histórica como acontecimiento y su insignificancia histórica desde la ontología. Sería una consecuencia más de los *arcana imperii*.

ger y Schmitt, o bien contribuyeron a producir, o bien colaboraron con ese acontecimiento nefasto y único en la historia de la humanidad que fue el Holocausto.

Parece que, por debajo de esa paradoja, este planteamiento metafísico puede encerrar una descarga moral, algo que resulta evidente en la actitud de Heidegger. Es lógico que desde esos pensadores fundamentales en los que se basa, Agamben considere que el nazismo es algo así como la estructura todavía vigente en nuestras sociedades, una forma necesaria a las mismas, una necesidad, dada la nefasta y determinante historia de la metafísica que viene de lejos. Del nazismo no son responsables los nazis, sino el descarrío metafísico aristotélico que fundó el anhelo de sujeto y la construcción de la soberanía. Esto es algo que ciertamente exoneraría de culpa a Heidegger y los nazis. Ellos solo cargaron, como todos los demás, con el destino impuesto por la metafísica. Al ser subjetivamente nazis sencillamente gozaban del privilegio de la autoconciencia. Su nazismo sería una prueba de aceptación del destino y de sinceridad. La consecuencia de todo este argumento, que no deja de tener sus profundas sombras, sería que el nazismo no ha muerto ni desaparecido en nuestra vida porque constituye el dispositivo de poder que sirve de modelo a los poderes soberanos del presente. Aunque debemos explorar cuidadosamente esta afirmación, es fácil suponer que, en algunos viejos colegas de Heidegger, podría ser incluso acogida como un motivo de alegre esperanza.

Por supuesto, el curso del pensamiento de Agamben solo puede explicarse como una resistencia a ese destino, como una no-resignación ante esa aparente necesidad histórica. Aquí también su gesto es cercano al de Adorno. Aunque todo en su argumento queda atravesado por la aceptación de ese curso de la necesidad, su meta final es liberarse de sus consecuencias mediante una peculiar estrategia. Esa actitud lo distancia radicalmente de aquella veleidad colaboracionista de Heidegger. Agamben es un firme defensor de una sociedad que no guarde relación alguna con el fenómeno de los campos de exterminio. Acerca de este asunto no puede cabernos dudas, por mucho que sus palabras más hostiles las haya dirigido a Jürgen Habermas, y no a Heidegger. A pesar de todo ello, observo una cierta y limitada afinidad con algunas corrientes *aceleracionistas* del presente, sobre todo en la voluntad de presentar fenómenos potenciales como si ya estuvieran consumados, o al menos como procesos que no tienen que ser contenidos por una acción contraria, sino por una inoperatividad contemplativa, propia de una forma de vida poética que articula la zona de irresponsabilidad sin identidad ni imputación (HS 1252).

Sin embargo, en nuestra estrategia deconstructiva de las autoridades del dispositivo no podemos quedarnos en Heidegger o en Carl Schmitt. No quiero decir que estas sean las únicas influencias sobre Agamben ni que aparezcan en su dispositivo solo en este punto. En modo alguno. Como ya hemos dicho, su pensamiento no tendría la fisonomía propia con la que se le conoce sin añadir al dispositivo el momento de la filosofía de Walter Benjamin, a quien dedicó trabajos importantes tanto como intérprete como de traductor[5]. Aparte del tema del mesianismo, debemos destacar ahora la función que tiene la infancia en el pensamiento de Benjamin, como promesa de una experiencia renovada que recorre la vida adulta para salvarla de sí misma, en un sentido completamente contrario al esfuerzo emanci-

---

5. G. Agamben, *Infancia e historia. Ensayo sobre la destrucción de la experiencia*, es quizá el más conocido en este sentido. Cf. la edición española de la editorial Adriana Hidalgo, Buenos Aires, 2011.

pador de Freud. Esta misma función de la infancia en Benjamin es recogida por Agamben para sus estrategias deconstructivas de toda fijación a una forma de vida cerrada. Pensar la infancia, con sus perversiones polimórficas, es el modo de invocar la fuerza destituyente respecto de los frutos cosificados de la subjetivación adulta. Lo que a Freud solamente le podía parecer una actitud de niños mimados que no pueden dejar de acariciar los polimórficos placeres perversos de la infancia, a los ojos de Benjamin se presentaba como una rebeldía edípica contra la degradación burguesa de los padres y una promesa de emancipación frente a las coacciones de la vida adulta. Cómo esta alabanza de la vida infantil pudo congraciarse en Benjamin con la fascinación temporal por la burocracia bolchevique es uno de los misterios de aquel tiempo extraño. El Mesías, ciertamente, se ha visto bajo las más diversas apariencias en la historia y quizá eso resultó decisivo para que los sabios del Talmud aconsejaran dejar de pensar en él.

En todo caso, la dimensión mesiánica de Benjamin está en Agamben sobredeterminada por la diferencia ontológica de Heidegger. Por supuesto, esta reocupación temática no sale gratis. Para Benjamin, la dimensión mesiánica tiene aspectos de violencia divina, pero como el ángel exterminador, lo mesiánico deja intacto a su paso la vida íntima de las cosas, las realidades cotidianas e inocentes. Lo mesiánico de Benjamin tiene la memoria intacta de la creación y a su paso la mantiene intocada. Solo puede alterarla con el nuevo aliento de vida que le concede la destrucción del progreso y que por eso la acerca de nuevo a la estática eternidad. A pesar de su terrible sufrimiento, lo mesiánico en Benjamin no encarna el raído principio apocalíptico ni genera sadismo alguno en los inocentes entes. Solo desprecia los supervivientes testimonios de la barbarie. El

Mesías acaba con la *historia* natural, no con la naturaleza. De manera diferente, el Ser de Heidegger incorpora un cierto elemento de desprecio sádico por todos los entes que no se puede interpretar como violencia divina, pero que no está exenta de ella. Ya lo vemos en la famosa sentencia de Anaximandro, que nos habla de cierta culpa y de hacer justicia. Para Benjamin el mundo fue creado en la inocencia y debería regresar a ella. Sin embargo, Agamben no cree que ese final de la historia natural deba proceder de un Mesías externo a la historia. En realidad, cree que debe proceder de nosotros. En cierto modo, Agamben nos alienta a ser ese Mesías que Benjamin esperaba.

Que al final Heidegger domine sobre Benjamin, que el Mesías se concrete en la aceptación de una teoría del Ser como potencia que se niega al acto, y que a su paso no deje en pie sino la infancia un poco delirante que una vez fuimos, no quiere decir que Agamben acepte las conclusiones fundamentales del pensamiento de Heidegger. Este punto está sometido a discusión. Hay quien dice que la ontología no es a pesar de todo el centro mismo del pensamiento de Agamben. Para Matteo Antonio Acciaresi, el nervio central de Agamben debe encontrarse en una dimensión ética[6]. Pero conozco a distintos estudiosos[7] que dicen que también Heidegger es un pensador de la praxis y que transforma las categorías éticas, con la anulación del concepto de responsabilidad y la eliminación de la ficción del sujeto y de la acción. Y en efecto, podemos leer así ese escrito que

---

6. M. A. Acciaresi, *In convergente disaccordo. Giorgio Agamben lettore di Martin Heidegger: Un'indagine filosofica*, Edizioni Accademiche Italiane, 2017.

7. Cf. P. Cerezo, «De la existencia ética a la ética originaria», en F. Duque, *Heidegger: la voz de tiempos sombríos*, Ediciones del Serbal, Barcelona, 1991, pp. 11-81.

lleva por título *Gelassenheit*[8]. Por supuesto, esa comprensión de la ética no está exenta de puntos de vista ontológicos, ni carece de consecuencias políticas. Uno de los más influyentes comentaristas de Heidegger, Reiner Schürmann, se especializó en hacer del antiguo nazi un pensador del anarquismo[9]. Al final, algo parecido hizo Jünger con su libro *La emboscadura*[10]. Y no debemos olvidar el placer con que Schmitt expuso la figura del partisano[11]. Agamben también ha sido caracterizado como pensador anarquista. Como vemos, las huellas se pueden perseguir en los grandes lineamientos. Pero en el detalle resulta evidente que la filosofía de Agamben avanza por sus propios pasos. Si bien la orientación, el diagrama teórico del dispositivo tiene líneas rojas claras, la textura es propia. Esa creatividad se debe al uso de la signatura.

4. EL CEMENTO METODOLÓGICO DEL DISPOSITIVO: LA SIGNATURA

Lo que une a todas estas autoridades y garantiza su coherencia en un dispositivo es su lectura a través de un procedimiento metodológico fundamental que Agamben llama signatura[12]. El objetivo de este libro, *Signa-*

---

8. M. Heidegger, *Serenidad*, Comares, Granada, 2019.
9. R. Schürmann, *Le principe d'Anarchie. Heidegger et la question de l'agir*, Seuil, París, 1982. Cf. sobre todo el primer epígrafe sobre la deconstrucción de la acción, de naturaleza claramente agambeniana.
10. E. Jünger, *La emboscadura*, Tusquets, Barcelona, 1988.
11. C. Schmitt, *Teoría del partisano*, Trotta, Madrid, 2013.
12. G. Agamben, *Signatura rerum. Sul metodo*, Bollati Boringhieri, Milán, 2008 [en adelante, SR seguido de página]. Cf. las reseñas de R. Tomei, en *Rivista internazionale di filosofia del diritto* 86/1 [2009], pp. 159-160 y M.ª L. Bacarlett Pérez, «Arqueología, método y juramento»: *Metapolitica* 71 [2010]. Para un análisis inicial, cf. L. de la Du-

tura rerum, fue reflexionar sobre la práctica intelectual de Agamben y aquí, como otras veces, se parte de Foucault, en este caso de su noción de paradigma. Sin embargo, Foucault no estuvo afortunado en este método, nos dice Agamben. Él deseaba «distinguir conscientemente el tema de sus investigaciones de los paradigmas de Kuhn» (SR 18). Esto implicaba, en algún sentido, «el desplazamiento del paradigma de la epistemología a la política». El asunto político que desea estudiar Foucault era el *régimen interno de poder* que gobierna los enunciados, que regula las prácticas y formaciones discursivas, que tiene capacidad suficiente para constituir «grupos de objetos, conjuntos de enunciaciones, juegos de conceptos, series de elecciones teóricas»[13] (AS 305). Estas prácticas parten de un estado de dispersión, propio de los enunciados. Sin embargo, ordenadas por un poder que las repite, forman un conjunto concreto que «se recorta», que pretende hacerse valer como norma y acaba por ejercer una «función dominante» como modelo. Poder y arquetipo son así conceptos convergentes. Solo entonces, cuando el poder hace su tarea, la práctica discursiva se convierte en saber y atraviesa el «umbral de una epistemología». Así se obtiene una «figura epistemológica» (AS 314), dotada de ciertos criterios formales, tanto de verificación, de crítica, de modelos, de variaciones. Cuando se genera un «conjunto de relaciones», cuando se reúnen prácticas discursivas y sus figuras epistemológicas, se forjan ciencias y sistemas de verificaciones, se llega a constituir sistemas formalizados, y se logra forjar *epistemes*. Como vemos, regresamos a

---

rantaye, *Giorgio Agamben: A Critical Introduction*, Stanford, UP, 2009, pp. 190 ss.
13. M. Foucault, *Arqueología del saber*, Siglo XXI, Buenos Aires, 1978 [en adelante, AS seguido de página].

la cuestión del poder para avanzar hacia la epistemología y eso hace inevitable que nos centremos en las rupturas, las discontinuidades, las fracturas epistémicas, y propongamos algún modelo político de historia de las ciencias. Pues el poder no es continuo ni esencial, sino histórico. Kuhn daba por hecho que existía la ciencia normal y su problema era cómo se producía un cambio de paradigma. Foucault desea investigar qué hay de normal en eso que es normal. Pues investigar cómo una episteme llega a ser normal es lo que permite explicar el cambio y la discontinuidad, la novedad revolucionaria. La normalidad reside en este momento en que una *episteme* afirma su derecho a prescribir la normatividad a lo existente, impuesta ya por su propia facticidad, al margen del poder que se oculta en su genealogía. Sin embargo, cuando Foucault intenta describir el paso del régimen de poder que produce discursos hasta llegar a la facticidad de la *episteme* como discurso científico normalizado, cuando tiene que explicar por qué unas triunfan y otras no, a pesar del poder, habla de *enigma* (SR 20). Es el enigma de la hegemonía.

Agamben quiere ofrecer una respuesta a este enigma y lo encontrará no en el poder, sino en la ontología. Para eso nos recuerda los dos sentidos de paradigma: la matriz disciplinar como aplicación concreta del conjunto de premisas categoriales y materiales sobre la que fundar una norma capaz de aplicación repetida, por una parte, y el caso singular modélico capaz de exigir a quien lo observa: «Haz lo mismo». En el primer sentido se podría hacer transparente el proceso de constituir la norma, y en el segundo el paradigma jugaría como la regla de Wittgenstein. Para usar un paradigma/ejemplo necesitamos una práctica social adecuada que permita reconocer algo como lo mismo, y eso supone la forma de vida de Wittgenstein o el sentido común de

Kant. Agamben, sin embargo, sugiere que al reconocer algo como arquetipo alcanzamos un *Urphänomen*. Con ello ontologiza el arquetipo, y hace de él aquello que «se muestra en una serie continua de apariciones». El fenómeno originario toma el lugar del enigma de Foucault, porque está dotado de relevancia ontológica, de evidencia propia originaria.

Para desarrollar este asunto, Agamben se interna por los viejos autores del Renacimiento, e incluso anteriores, de un modo que resulta difícil de seguir qué es lo que acepta de estas exposiciones de teorías, por lo general místicas, astrológicas, o mágico-teúrgicas (SR 69), que hacen de la signatura una esencia, una revelación o un sacramento (SR 56, 58, 67). Al final, lo que sacamos en claro es que la signatura representa a través de la semejanza (SR 60). Lo que vincula esas apariciones de una serie continua que constituye el paradigma, debe ser alguna analogía contrastable. «La semejanza es de hecho la causa suficiente que permite ligar las cosas singulares entre sí», parece asumir Agamben con Jámblico (SR 69). El hecho de reconocer la analogía es inseparable de su continuidad espaciotemporal. Pero, en lugar de disponerse a buscar la norma y la repetición, Agamben quiere usar las variaciones para «mantener los eventos en la dispersión que le es propia» (SR 106). Lo que él quiere es «demorarse en las ínfimas desviaciones». Pero para ello se ha fr disponer de un «evento cumplido de significado» (SR 107). Esa es la posición originaria (SR 106) respecto de la cual se ejercen las remisiones y citas de la signatura. La noción de secularización, por ejemplo, sería una signatura en tanto que no es posible comprenderla sin remitirse a la teología. La signatura excede su propio signo y lo remite a un ámbito. Así Agamben racionaliza lo que Benjamin dice de las imágenes dialécticas: algo en ellas excede su sentido y lo remite al presente. En todo caso, es su propio contenido lo que permite su lectura (SR 98).

Lo que comenzó siendo un fenómeno originario, acaba siendo una imagen, lo que no es contradictorio. Lo que pone en relación las cosas en su espacio y tiempo no son las analogías que se nos imponen y que descubren los que observan las cosas. Es la unidad de lo que ha sido y lo que ahora relampaguea. Toda imagen tiene esa potencia de venir al ahora. Esa es la experiencia originaria. Lo que fuerza este salto histórico es una especie de «semejanza inmaterial», algo que no sabemos muy bien qué significa. Lo que cita de Benjamin, que «la capacidad específicamente humana de percibir semejanzas» coincide «punto por punto con la capacidad de reconocer signaturas» (SR 94), nos lleva a la lengua como «archivo de las semejanzas». Esto es comprensible, pero para eso no necesitamos —como sabía Husserl— una posición originaria del fenómeno. Aquí es verdad que hay una capacidad originaria de lo humano, que hace de una cosa un indicio, signo o remisión a otra. Pero como demostró Foucault en *Las palabras y las cosas*, la episteme renacentista fracasó cuando se dejó llevar por la magia e hizo de todo fenómeno un indicio de otro, una remisión a otro, o una signatura de otro. Agamben quiere resolver ese problema diciendo que las remisiones son objetivas, dependen del ser, y el ser humano mimetiza la realidad cuando las recorre. Así nos dice que «las signaturas, apenas incidiendo en la condición absoluta y la simplicidad del ser que es solamente su existir, lo disponen a la revelación y la cognoscibilidad» (SR 90). Pero esta es la mejor manera de cubrir las analogías y las remisiones subjetivas como si fueran impuestas por la revelación del fenómeno. Eso es lo que quería disciplinar Agamben. El fenómeno originario, la posición originaria se imponen por sí mismos.

No es un asunto del poder, como en Foucault, sino del ser. La signatura signa a las cosas mismas en el nivel de la mera existencia. Su dependencia, como variación del fenómeno originario, las hace cognoscibles. Fenómeno originario, paradigma y signatura se remiten entre sí.

Esto es decisivo para explicar el supuesto básico de la obra de Agamben de que lo arcaico es como lo actual. Su presencia originaria remite a lo actual por su propia fuerza de variación enlazada a la signatura. Eso hace de lo arcaico un paradigma de lo presente, vinculado al mismo fenómeno originario, y su unidad podemos perseguirla si seguimos la signatura. Como es natural, el lugar preferido para seguir esa signatura es la etimología, a ser posible la indoeuropea de Benveniste. Por ejemplo, el mundo como campo de concentración en 1939 y en 2022 depende de un mismo paradigma. Pero si perseguimos la signatura nos llevará al *homo sacer* arcaico. Entonces tendremos la serie que nos permite decir «esto como esto». Eso implica decidir qué régimen de verificación alcanzamos en cada uno de esos enunciados, qué orden, qué sistematización. Se trata de si se ha impuesto el uso de la institución de *lo mismo* en este caso. Sin embargo, se podía objetar que el parecido es siempre enormemente flexible. El parentesco es en cierto modo universal. Todo puede ser metáfora de todo. Todo se parece a todo en algún sentido y otro nuevo parecido se ha escapado siempre al que primero miró y lo observó antes. Pero la signatura invoca el paradigma por sí misma, trata de decir «esto es como esto» y desea hacerlo de forma continua, generando un sentido común, algo que nos dice cómo vemos el mundo y cómo actuamos en él. El régimen de la verdad de todo esto procede de la coacción a la repetición. Miramos la foto del campo de concentración y miramos la foto de Madrid y decimos: «Esto como esto». No es un asunto de la coacción que impone el poder, como en Foucault, sino de la coacción de la evidencia. Agamben cree que esta evidencia es tan intensa como para comprometernos con ese juicio hasta el punto de dirigir nuestras prácticas. Es igual que cuando miramos la ninfa de Tiziano y la de un sarcófago romano y decimos: «Esto como esto», y entonces gozamos del mismo momento. No nos fuerza a decir eso nuestro poder, sino la propia coacción del ejemplo, de sus analogías, de la fuerza interna del arquetipo que subyace a su imagen originaria, ese *eîdos* que es un *eîkon*. Agamben aquí es un platónico.

El problema de la arqueología consistía en Foucault en investigar el paso de los enunciados a los paradigmas. Para Agamben sería más bien identificar la signatura que recibe su fuerza de ese paradigma. Ver la signatura que desde el campo de concentración se eleva al paradigma del *homo sacer*. Tras esta operación, si tenemos paradigmas, entonces los enunciados se siguen de suyo. Agamben parece sugerir a veces que este es el poder propio y enigmático del paradigma, como si este obrara por su cuenta, como si dispusiera de un poder propio, generara enunciados y tuviera tal capacidad de persuasión que esos enunciados ya son potencialmente paradigmáticos. El poder que imanta las desviaciones y las ata a la signatura reside en la imagen originaria. Cuando se presentan, su repetición es irresistible. «Todo fenómeno es el origen» (SR 41), ha dicho Agamben. Su planteamiento exige que nos despidamos de la noción de novedad radical, que Aby Warburg también negaba con su teoría de la herencia de *Pathosformeln*. Todas las imágenes están allí desde el comienzo, son su propio *arché*. Pero la arqueología foucaultiana no estuvo diseñada para perseguir el *Nachleben* de las imágenes. Desde este ámbito de las imágenes es más fácil decir que la ciudad actual es la signatura del paradigma del campo de concentración. Evoca ciertas imágenes convergentes. Pero Foucault no buscaba el origen ni la supervivencia de las imágenes, sino la emergencia de epistemes. Si juzgamos bien, el paso del enunciado al paradigma sería esa emergencia «que asegura la coherencia y la comprensibilidad sincrónica del sistema» (SR 125). En ese paso estaba implicado un poder que poco a poco configuraba un régimen discursivo y de veridicción. Agamben parece decir lo mismo cuando afirma: «La arqueología es siempre una paradigmatología», pero para él implica buscar un origen en el ser, del que se deriva un poder paradigmático. En Foucault era de otra manera: no podíamos ontologizar el paradigma, porque en el inicio estaban los enunciados, no el paradigma. Para Agamben no podemos decir que alcanzamos un *arché* como inicio temporal; al menos «no es un origen presupuesto en el tiempo» (SR 41), en sentido nietzscheano. La emergencia de Foucault sí lo era. Su arqueología no buscaba solo «reconocer» lo que siempre existe allí, como un fenómeno originario, como las ninfas. Al final, Agamben no ha medido bien las divergencias enormes que se presentan en un autor como Foucault frente a otro como Warburg, por mucho que secretas galerías unan a los dos autores. Uno se ha comprometido con la arqueología de las emergencias de los paradigmas propios de las *epistemes*; el otro con la supervivencia de los paradigmas originarios en apariciones renovadas de imágenes, con las remisiones de las desviaciones atadas por la signatura. Quizá Biswanger y Husserl sean el puente entre Foucault y Warburg, pero Foucault se despidió de ellos en su obra madura.

Al final, Agamben no tiene más remedio que tratar a Foucault como si fuera Warburg, lo que parece una transferencia desde la política a la estética. Casi llegando al final de su libro, Agamben dirá que el *arché* que él busca no es reenviado al pasado, sino a todo el tiempo del sistema. En Warburg este proceder es asumible: el paradigma, la imagen originaria se autoimpone, nos guía en la mirada, en el reconocimiento del despliegue de la signatura, con sus remisiones, sus renovaciones, sus variaciones. Así se forman los atlas de imágenes. Parten de un punto cualquiera y se expanden por todo el tiempo generando un sistema de metamorfosis. Su presencia es enigmática, pero atraviesa el tiempo como las formas orgánicas, como una verdad perenne, que no es «reenviada al pasado» (SR 125). Pero cuando miramos las fuentes históricas para descubrir un paradigma *en su constitución* a través del poder —como debe hacer la arqueología en Foucault—, solo tenemos la indicación de que en el archivo obtenemos *plans de clivage* para «hacerlo legible». Esta expresión ya usa el proceder del atlas. Pues esos planos de clivaje no tienen norma de veridicción, sino solo la intuición de sus analogías dotadas de las evidencias propias de la signatura. Esos planos son la forma en que algo en sí mismo no histórico hace su experiencia histórica. La ontología es aquí lo fundamental y sin ella no se aprecia la variación histórica. Para Foucault, en los archivos hay planos en pendiente, diferencias, variaciones, luchas, resistencias, y su veridicción no es reglada sin la historia del poder que funda una *episteme* y define sus arquetipos. Los enunciados pasan a ser paradigmas, se ven proliferar, aumentar, disciplinarse, asegurarse, verificarse y generar verdades que dejan atrás falsedades, *epistemes* desautorizadas. Eso es lo que intentó Foucault en *Las palabras y las cosas*. Warburg intentó otro asunto completamente diverso. Lo suyo era ordenar el ciclo de las metamorfosis de imágenes a partir de recoger las analogías visibles, intuibles a partir de un paradigma que se muestra a sí mismo como las invarianzas eidéticas husserlianas.

Al final, Agamben dice que el paradigma no está ni en el investigador ni en las cosas, sino en el Ser (SR 42). En Foucault, las fuentes deben mostrarnos cómo de una multitud de enunciados se destacan aquellos que fundan la institución del ejemplo y el paradigma. Y la historia del poder debería darnos cuenta de este triunfo. Ahora, para Agamben, el paradigma asegura la autorrevelación del Ser que se expande en sus metamorfosis por la signatura. Al decir que el cambio de paradigma concierne al Ser, dejamos de interesarnos por el cambio. El *sentido mismo de la historia* queda así interpretado como la historia del Ser.

Este olvido de las luchas en su materialidad no era un efecto deseable para Foucault. En la clase inaugural de *Es preciso defender la sociedad*, el día 7 de enero de 1976, nuestro autor se aproximó de nuevo al problema del método. Entonces habló de la genealogía en un sentido operativo y defendió que «el poder [era la] apuesta de las genealogías»[14] (HDS 11). Este nuevo abordaje mostraba la doble cara de la genealogía, de su complemento en la arqueología y su versatilidad. «En dos palabras —dijo— yo diría lo siguiente: la arqueología sería el método propio del análisis de las discursividades locales, y la genealogía, la táctica que, a partir de esas discursividades locales así descritas, pone en juego los saberes liberados del sometimiento que se desprenden de ellas. Esto para restituir el proyecto de conjunto» (HDS 20). Tenemos aquí todo el arsenal del lenguaje metodológico en su mestizaje radical con el vocabulario político, bien lejano del arsenal ontológico. En sí mismo preparaba la apuesta por la discontinuidad y la resistencia. En lugar de aspirar a descubrir el proceso cons-

---

14. M. Foucault, *Hay que defender la sociedad*, Akal, Tres Cantos (Madrid), 2003 [en adelante, HDS seguido de página].

tituyente, aunque sin olvidarlo, Foucault se interesaba ahora por la crítica local, por las producciones teóricas no centralizadas, ajenas a la *episteme* dominante, que resistían a la coherencia funcional de la estructura, que disonaban en las sistematizaciones formales. En suma, la arqueología mostraba el proceso por el cual los poderes constituyentes alcanzaban su estatus, su jerarquía, sus privilegios de entre los poderes locales, algo que en *Las palabras y las cosas* implicaba a veces violencia y que ahora se llamada directamente «tiranía» (HDS 18). Pero frente a esta arqueología, se alzaba la crítica genealógica que mostraba las resistencias frente a ese poder constituyente de los viejos saberes. Sin ella, la desnuda arqueología enmascaraba el proceso histórico real. Pues «solo los contenidos históricos pueden permitir recuperar el clivaje de los enfrentamientos y las luchas» (HDS 17).

Aquí tenemos una noción completamente diferente de «clivaje». La crítica genealógica recordaba estas luchas y resistencias frente al poder constituyente, resistencias que se hacían mediante otros saberes que Foucault llamó sometidos. Eran saberes ingenuos, inferiores, no-científicos, saberes de la gente, ilegítimos, incapaces de servir a las tareas funcionales. Ambas, arqueología y genealogía sirven para disputar los triunfos del poder-saber. Ginzburg hizo su genial investigación sobre ese tipo de cosas en *El queso y los gusanos*[15]. La genealogía recuperaba, desenterraba lo que la arqueología mostraba como saberes derrotados. Al saber de ellos, Foucault ofrecía el conocimiento del «saber histórico de las luchas» (HDS 17). Se seguía investigando

---

15. C. Ginzburg, *El queso y los gusanos*, Península, Barcelona, 2009, de la edición original de *Il formagio e i vermi*, Einaudi, Turín, 1976. Véase ahora C. Ginzburg, *Tentativas. El queso y los gusanos: un modelo de historia crítica para el análisis de las culturas subalternas*, Desde Abajo, Bogotá, 2014.

la relación poder-saber, pero ahora la genealogía mostraba el saber-poder de la resistencia. No solo la constitución de una *episteme*, sino también la resistencia de una anticiencia (HDS 18). Aunque no podía prever lo que significaría el posterior negacionismo, eso es lo que defendía Foucault al proponer el juego de arqueología y genealogía. El plural —genealogías— era inexcusable porque estas resistencias, combates y luchas eran descentradas y locales (HDS 18). Este saber histórico de luchas y tácticas de resistencia, esta memoria erudita de los saberes locales tenía un valor moral y político porque mostraba «la utilización de ese saber en las tácticas actuales», en las luchas del presente, siempre dirigidas contra «el poder propio de un poder considerado científico» (HDS 19). Si la arqueología daba por hecho que el poder y el saber se han de constituir a la vez para forjar sujetos y discursos, la genealogía hacía suya la pregunta básica de toda resistencia, la que interroga por qué el poder quiere además disponer de una ciencia. Esa es la pregunta cuya respuesta es porque quiere forjar una hegemonía, la única forma de estar seguro. El saber del poder no es solo ciencia. Va más allá que un «discurso teórico unitario, formal», tiene una praxis de victorias, una episteme y eso es lo que un poder puede lograr. La liberación de los saberes subalternos debía ofrecer otro esquema de poder-saber, capaz de resistir. Y eso era lo que estudiaba la genealogía. En su cruce tenemos el tiempo en su dimensión insuperablemente histórica. Foucault no se puede separar de este supuesto.

Frente a esta franqueza, Agamben ha hablado de forma así de elusiva: «La historicidad del paradigma no está en la diacronía ni en la sincronía, sino en un cruce entre ellas» (SR 41). Tengo la impresión de que esta es otra forma de enunciar el contenido de la imagen dialéctica de Benjamin. Por eso afirma Agamben que esa historicidad «vuelve inteligible no menos el presente del investigador que el pasado de su objeto». Una vez más, podemos atenernos aquí al modelo Warburg para intentar concretar las cosas. Miramos a la ninfa de Tiziano y a la de los sarcófagos romanos y se produce una iluminación de cierto deseo que rueda por el tiempo, antes y ahora, en el investigador y en el objeto. De la misma manera, miramos el campo de concentración y la ciudad actual, o el estado de excepción de Hitler y Guantánamo y comprendemos el pasado del objeto tanto como nuestro presente como investigadores. Ambos se tornan «inteligibles» como diacrónicos y sincrónicos a la vez. Pero quizá a condición de que todo se reduzca a la ontología de una imagen que revela el Ser. Entonces logramos intuir que ahí se muestra algo que parece un cruce de sincronía y diacronía, algo convergente de diversos tiempos diacrónicos, que existió y existe en continuidad. Es una buena definición de Ser y de lo que busca la ontología de Agamben.

Olvidando que la diferencia entre permanente e histórico es siempre una dimensión interna a toda *episteme*, Agamben se desplaza en otro salto a un punto de trascendencia. En toda «auténtica práctica histórica», dice, siempre hay una distancia entre el *arché* y el origen temporal y fáctico. Agamben puede decir que en toda investigación histórica lo relevante no es el origen cronológico, ni el inicio, sino su emergencia a partir de un «estrato heterogéneo [...] como alteridad cualitativa» (SR 114). Haciendo referencia a Overbeck, Agamben dice que toda investigación histórica debe hacer referencia a una *Urgeschichte*, a una prehistoria, que encierra ese sustrato heterogéneo. Ahí estaría el punto de emanación de sentido desde la signatura. Si hasta ahora Agamben se ha separado de Foucault, ahora usa a Overbeck para separarse de Nietzsche, aunque para ello tenga que sumar fuerzas con Warburg.

Overbeck deseaba sugerir que sin una prehistoria no era posible trazar la historia de la emergencia temporal (*Entstehungsgeschichte*) del fenómeno a historiar, en su caso el cristianismo. Más que describir la historia del fenómeno, la cuestión decisiva era describir la condición de su emergencia, *su prehistoria*. Agamben, sin embargo, ha obtenido otro rendimiento de este asunto de Overbeck. Le ha servido para introducir en el terreno de juego la palabra «tradición» histórica como lo que oculta la prehistoria, el *arché*. Con ello regresamos a Heidegger. Agamben recupera el § 6 de *Ser y tiempo*, dedicado a la destrucción de la historia de la ontología, en el cual se dice que la tradición dominante encubre el acceso a las fuentes y hace olvidar la *Herkunft*, la prehistoria, eliminando la necesidad de volver a la autenticidad del sentido originario. La tradición pondría un muro entre nuestro presente y este sentido auténtico del que procedemos. Por eso, Heidegger proclama la necesidad de un *Rückgang zur Vergangenheit*. Esta canonización/decadencia de la tradición es lo que hay que evitar mediante el regreso que muestra de nuevo lo originario en el terreno de la ontología. Quizá este sea el modo de evitar la inautenticidad. Sabemos lo que significa en Agamben: descubrir cosas como la perennidad del *homo sacer* a la política soberana, o la economía que hay en el fondo de la tradición católica y su teología, pero también la dimensión mesiánica cristiana, el tiempo que resta paulino, el *mysterium iniquitatis*, etc., etc. Toda una serie de *archai* o fenómenos originarios, fuentes de signatura que se desplazan por el tiempo sin ser propiamente tiempo.

La arqueología debe así «enfrentarse de nuevo con las fuentes y la tradición» (SR 121), con los *archai* y las signaturas, con las variaciones paradigmáticas desde el origen y esto con la voluntad de desvelar la prehistoria que sigue oprimiéndonos o prometiéndonos la redención. Esta voluntad describe el trabajo de Agamben. Él aspira a des-construir los paradigmas, las técnicas y prácticas que han canonizado la transmisión y la tradición eclesial y jurídica y así remitir el tiempo a su signatura originaria prehistórica. Así, desde la prehistoria queda pensada la totalidad de la historia en una versión que concreta la historia natural de Benjamin. Con ello, Agamben, persiguiendo la signatura metodológica, ha ido desplazándose desde Foucault a Warburg, desde este a Overbeck, pero siempre para dotar a sus planteamientos de valor ontológico y de responder al esquema de Heidegger, siempre en convergencia con Benjamin. La «arqueología filosófica» en el fondo es una ontología. Inconsciente es lo que la tradición ha ocultado, historia es lo que la historiografía no dice. El *arché* es el Ello que debe devenir Yo, pero que no acaba de devenir, no puede devenir, porque ese Ello no quiere salir a la luz. Con ello, Agamben pone fin al cronotopo de Koselleck. Nada de tiempo histórico que culmina en la aceleración que se verifica en un *futuro pasado*, sino el regreso al pasado olvidado, pero que está ahí operativo, aunque inconsciente, determinando el presente (SR 143). Así se hace accesible la transparencia de la «historia individual o colectiva» (SR 144). Esa transparencia es la que quiere conquistar Agamben. Ese es el sentido metodológico que subyace a la gran empresa de *Homo sacer*.

5. EL DESPLIEGUE DEL DISPOSITIVO: HANNAH ARENDT

La aplicación del método de la signatura, y su voluntad de elevar a conciencia el Ello originario velado por la tradición, no se da en el vacío. Al contrario, solo tiene sentido en medio del dispositivo que Agamben genera.

Este constituye la forma en que nuestro autor recibe las filosofías y las introduce en su propio argumento. El ejemplo fundamental nos los ofrece su aproximación a Hannah Arendt y la manera en que desde ella se opone a Carl Schmitt. Por supuesto, la influencia de Arendt se despliega en otros contextos, pero por ahora debemos atender solo al problema de los seres humanos sin Estado. Con ello nos aproximamos a las premisas mismas de *Homo sacer*. El punto de partida de esta obra es su lectura de Schmitt desde Arendt. La voluntad de ambos es opuesta, desde luego, y los contextos intelectuales en los que se mueven divergentes. Arendt intenta pensar la política republicana estadounidense que, para Schmitt, constituye el centro expansivo del liberalismo imperialista y de la consiguiente desaparición de la política. En este sentido, los argumentos de Arendt debían parecerle a Schmitt tanto más ingenuos y legitimadores, cuanto más olvidaban el verdadero nervio imperialista de la política norteamericana.

Arendt no puede dejar de escribir desde el problema judío. En *Los orígenes del totalitarismo*[16] Arendt dice: «Los derechos humanos han sido definidos como inalienables porque se suponen que son independientes de todos los gobiernos; pero resulta que desde el momento en que a esos seres humanos les falla su propio gobierno y apelan a sus derechos mínimos, no queda ninguna autoridad para protegerlos» (OT 171-172). La tesis de Arendt es muy clara: la universalidad de los derechos humanos es completamente ficticia. Solo están vigentes y tienen alguna efectividad desde la protección que ofrece el Estado-nación a quien goza de su ciudadanía. Los derechos universales del ser humano están

---

16. Citamos por H. Arendt, *Origins of Totalitarianism*, Harvest, Londres, 1968 [en adelante, OT seguido de página].

limitados así a los derechos de ciudadanía estatal. Los que no son ciudadanos de un Estado en realidad no tienen derechos humanos. Como dicen John Lechte y Saul Newman, «stateless people are also 'rightless' people» [las personas sin Estado son también personas sin derechos][17]. Este hecho describe la situación del pueblo judío en los diferentes momentos de su historia como pueblo huésped o *paria*. La consecuencia que se extrae de este enunciado es que quien quiera tener derechos humanos debe forjar un Estado. No el mero nacer, sino nacer *dentro de un Estado* otorga el derecho a tener derechos. Sin él, se vive fuera de una comunidad política, que es la única que materializa ese derecho básico, trascendental, y sus concreciones. Esta significatividad del nacer en un lugar, un asunto biológico, para el tener derechos, un asunto jurídico, es el primer índice de la biopolítica. En todo caso, la correcta interpretación de este pasaje es aristotélica: no se puede ser plenamente humano sin ser político. Nacer no es una garantía de humanidad. La calamidad se concreta en la pérdida de la comunidad política. No tenerla expulsa al ser humano de su humanidad, pues con Aristóteles el ser humano es el animal político. No tener comunidad política es sencillamente no ser humano. Estos argumentos de Arendt reforzaban su compromiso imprescindible con la comunidad política del Estado-nación, pues sin él los derechos humanos eran papel mojado y el estatuto de ser humano peligraba de manera radical. Por eso no se comprende muy bien que Arendt viera con ojos críticos el que el pueblo judío forjara un Estado. Todo su pensamiento invitaba a ello.

---

17. J. Lechte y S. Newman, *Agamben and the Politics of Human Rights. Statelessness, Images, Violence*, Edinburgh UP, Edimburgo, 2015, p. 29.

Ahora debemos apreciar el estatuto de estos seres que están privados de la humanidad al carecer de ciudadanía. Su caracterización por parte de Arendt nos habla de una «abstracta desnudez de ser humano» (*the abstract nakedness of being human*, OT 179). Si seguimos a John Lechte y Saul Newman vemos que esos seres existen en la esfera de «lo meramente dado», esfera de la necesidad. Sabemos que esta es la esfera de lo social para Arendt, no la esfera de lo político. Por eso Arendt se opone a la Declaración de los Derechos del Hombre, porque en el fondo esos derechos serían sociales. Solo acepta la Declaración de los Derechos del Ciudadano, los verdaderamente políticos. Para Arendt, lo social irrumpió en lo político como una amenaza en medio de la Revolución francesa, pues afectaba al sentimiento de piedad, no al sentido de la libertad. Eso significa que el ser instalado en la necesidad supone una amenaza para el instalado en la libertad. Aunque esto tiene profundas consecuencias, la mayoría de las veces reaccionarias, como que la verdadera vida humana es la vida de la libertad política, no la vida socialmente esclavizada —repárese que se repite la estructura de la *polis* griega como arquetípica—, lo decisivo es que de la mera existencia de un Estado, con su ciudadanía, se deriva que muchos seres humanos desde el punto de vista biológico no son seres humanos desde el punto de vista jurídico. Esos seres humanos solo pueden ser objeto de nuestra piedad, no de nuestra libertad. Tenemos aquí el germen del concepto de *nuda vida* de Agamben. La nuda vida es aquella que lo más que puede provocar en nosotros es la piedad, no el derecho. Esta conclusión es inquietante, pero no veo la manera de escapar a ella desde las categorías de Arendt.

Sin embargo, la piedad es un sentimiento ajeno a toda estructura normativa. Que Arendt pensaba en el pueblo judío se ve en este pasaje en el que declara que el gran peligro reside en que «en medio de la civilización» un conjunto de seres humanos sea devuelto al estado de naturaleza, al estado de lo meramente dado, a una diferencia animal, en tanto ser vivo humano que solo tiene su vida, pues está sometido al estatuto de salvaje desde el punto de vista jurídico. Entonces se hablaría de ser humano como perteneciente a la especie animal de los humanos. Nada más (OT 180-182). Sería parte de la especie animal humana, pero excluida de la dignidad de la humanidad. Será *hominitas*, pero no *humanitas*. Así la universalidad de la primera noción de especie albergaría solo la posibilidad de la exclusión de la condición jurídica. La primera dimensión albergaría la vida humana como *zoê*; la segunda la vida humana como *bios*. La primera es una universalidad abstracta. La segunda una universalidad concreta. Entre ellas solo puede existir una mediación posible: la creación de un Estado universal con la posibilidad de una ciudadanía universal. Sin embargo, ninguna de ambas opciones es viable para Arendt o Agamben. Mientras que eso no suceda, la tesis de Arendt del «derecho a tener derechos» es cruelmente restringida y está condicionada por el azar del nacer en un Estado. Agamben extrae la consecuencia de ello. No se puede condicionar el derecho que reclama el cumplimiento de la dignidad del ser humano al reducido trascendental de la ciudadanía política. No se puede entregar el derecho y la dignidad al azar del lugar donde se nace.

Estos son hechos bien establecidos. Lo relevante, sin embargo, no es esta situación, que se puede expresar en un lenguaje que ya acuñó Kant al mostrar que no hay paso cercano de la *polis* a Cosmópolis. Entre ambos estadios de la humanidad, la filosofía política clásica pensó estrategias de mediación, como federaciones de

Estados que reconocen derechos de ciudadanía de forma recíproca. Sabemos sin embargo que eso no resuelve el problema. Lo decisivo en esta discusión reside en los argumentos que Arendt proyecta sobre los hechos. Por ejemplo, el estatus de la humanidad sin derechos es pensado como vida desnuda y abstracta. No es seguro que esa sea una expresión filosófica adecuada a esa situación, pues resulta evidente que esta descripción no es la que haría el sujeto de exclusión. Este tiene una plenitud concreta de vida. Aquella mirada es la forma de representarse la situación que haría, por ejemplo, el guardia de fronteras. Puede ser que esa gente sin Estado haya sido privada de su ciudadanía, que haya nacido en lugares donde no hay Estado, que pertenezca a un pueblo que voluntariamente no ha querido formar un Estado, o que sea víctima de la transformación tiránica y violenta del suyo, pero cada uno en sí mismo no es una vida abstracta. Sus vidas son tan concretas como las demás, solo que no son consideradas así desde un Estado que solo quiere saber que ese sujeto no es su ciudadano. La exclusión obliga a representarse esta vida como algo desnudo y expuesto. Lo genérico en ellas es sencillamente la consecuencia de una voluntad de no reconocimiento, de indiferencia. El mero hecho de que cada uno de estos seres expuestos pueda contar su historia indica que no hay vida abstracta o desnuda. Sencillamente hay una situación concreta cuyo sentido más profundo es la relación de exclusión sin fisuras. Esa exclusión produce la abstracción. Arendt reconoce con razón que están lanzados a la vida social de la necesidad. Esto mismo no implica que la suya sea una vida meramente biológica o *zoê*. Lo es para la otra parte, la que excluye, no para el ser excluido, que siente su vida en la plenitud de sus aspiraciones culturalmente mediadas e históricamente determinadas. Llamar salvaje o bárbara a la gente que no se ha asociado en un Estado es un prejuicio civilizatorio. Sería contraintuitivo llamar así a las comunidades judías sin Estado, por ejemplo. Si la suya es una vida social, no es ya una vida animal. Si es una vida que genera sus prácticas de cooperación y defensa frente a la necesidad, con sus aspectos culturales inevitables, puede ser una vida que hace frente a la necesidad, pero no desde la desnuda condición biológica. Aquí el pensamiento de Arendt me parece preso de prejuicios que se fundan en una limitada fenomenología de la exclusión.

¿Qué sentido puede tener decir que el ámbito ajeno a la política es el de la necesidad? ¿No hay necesidad en el ámbito de la política? ¿Por qué la libertad está alojada únicamente en el ámbito de la política? ¿Por qué la necesidad es primariamente un fenómeno prepolítico? Arendt tiene una comprensión esquemática de la vida humana moderna y jamás se ha sentido inclinada a tantear si la teoría de las esferas de acción social weberianas era plausible. La idealización y la perfecta autonomía de la vida política en su caso parece poco razonable. En cada una de las esferas de acción social hay elementos de facticidad dados, abstractos, portadores de una cierta necesidad. ¿O no los hay también en todo sistema político? ¿Forma parte de la libertad de la acción política americana que haya dos partidos, republicano y demócrata? Alguien que decida entrar en esa esfera de acción, ¿puede considerar un hecho de la libertad esa estructura? A veces la capacidad de creerse los propios conceptos, y de olvidar los hechos en contrario, parece propia de una mentalidad narcisista o fetichista. El filósofo es dado a ello, y más todavía el filósofo absoluto. Es lo mismo que su afirmación, que se puede leer en la primera edición de *La condición humana*, de que la economía política es un oxímoron. ¿Desde cuándo lo económico se relaciona con la mera supervivencia de la especie? ¿Desde cuándo ha dejado de tener relaciones con motivos extraeconómicos en los que vemos implicaciones fuertes para nuestra libertad? ¿Desde cuándo la economía es una dimensión de la vida natural y no también de la vida cultural? Puede que lo fuera en la *polis* griega con su *oikos*. Pero ¿no es acaso más bien la economía política la construcción de un modo de vida social que no tiene nada que ver con el *oikos*? La completa contraposición de libertad y necesidad, como polos opuestos, no parece evidente más allá de cierto momento de la historia, de la signatura griega. Privilegiar ese momento como el propio de la ontología parece un poco arbitrario.

Cuando vemos en Arendt la facilidad de proyectar categorías de mundos históricos antiguos sobre el presente, no nos sorprende que esa actitud se haya generalizado en Agamben. Hace tiempo llamé la atención sobre la necesidad de un uso responsable de los conceptos[18], y esto se aplica sobre todo a los pensadores que usan el método inaugurado por Nietzsche de pensar el presente desde los conceptos arcaicos de los griegos. Cuando Arendt sugiere que solo se puede hacer política si se tienen satisfechas las necesidades, parece que no puede desprenderse del aristocratismo político que representa el modelo de la *polis* griega, sostenido por la abundancia de esclavos entregados a la necesidad. Por supuesto, esta condición se proyectó a los patricios americanos que fundaron la república. Pero, si la política se libera de la dimensión social, ¿en qué se verifica la producción de libertad? Incluso más. Nos podríamos preguntar si hubo alguna vez en la *polis* griega una po-

---

18. Cf. J. L. Villacañas, «Historia de los conceptos y responsabilidad política»: *Res Publica* 1 (1998), pp. 141-174.

lítica que no alcanzara su sentido en relación con el estatus económico de sus ciudadanos libres. Todos, libres y esclavos, estaban sometidos a la condición económica. Desde Solón, la política ateniense se preocupó de la condición económica de los libres y buscó su mejora. Para los esclavos no había piedad, ciertamente, pero no porque su vida fuera económica. No había piedad porque eran esclavos, cosas. No hay que pensar mucho para concluir que, desde el punto de vista de las dualidades de Arendt, la gente sin derechos de ciudadanía no por eso cae en la pura vida económica. Esa no es la experiencia viva para ellos mismos, por mucho que ese sea el horizonte al que lo sometan aquellos ciudadanos del Estado que por fin pueda acogerlos.

Por todo lo dicho, Arendt no demuestra que el ser humano sin derechos políticos en un Estado pueda ser caracterizado como pura *zoê* biológica. Ese es el modo de consideración que asumen los que excluyen. Sin embargo, Agamben acepta este hecho porque quiere decirnos que ese modo de consideración es el privilegio, el poder que se permite el soberano. En todo caso, vemos aquí una enmienda a las idealizaciones arendtianas de la política. Por mucho que Arendt asuma que esta reducción deba producirla el Estado como una consecuencia de la excelsa gloria y libertad de la política, y Agamben asuma una valoración negativa completamente contraria, ambos entienden que esta es una consecuencia inevitable del Estado. Donde Arendt identifica el bien de la soberanía, Agamben descubre su catástrofe. Allí donde hay Estado, allí se lanza un decreto por el cual se autoriza a disponer de un modo de consideración que reduce la vida humana a su condición abstracta puramente biológica, a la *vida nuda*. Esta decisión incluye y reconoce a la vida humana —a la *hominitas*— por parte del Estado, pero solo para excluirla del Estado. Es una inclusión que es una exclusión, por usar la célebre fórmula especulativa de Agamben. Lo mismo sucedía en la *polis*: se reconocía el carácter humano del esclavo, se le incluía en la humanidad (desde el punto de vista de su *zoê*) para excluirlo de la humanidad (desde el punto de vista de la forma de vida o *bios*).

6. EL DESPLIEGUE DEL DISPOSITIVO: CARL SCHMITT

Ahora es cuando Agamben lanza las redes de su método de la signatura para trazar un puente con la filosofía de Carl Schmitt. La decisión de incluir excluyendo, o de excluir incluyendo, es la decisión soberana. Esta es sustancial al sujeto soberano del Estado, el corte básico, la cesura, la partición que produce el soberano. Así, Agamben proyecta sobre Schmitt la previsión que Arendt ha establecido. Asume todo el planteamiento sobre el soberano de Schmitt, pero no para producir la consecuencia de Schmitt, la diferencia amigo/enemigo, sino la de Arendt, la diferencia entre integrado/incluido. De este modo, Agamben interpreta las paradojas de la exclusión como una signatura de las paradojas de la excepción y en analogía con ellas. El estado de excepción propio del soberano schmittiano ahora se concreta en el estado de exclusión del soberano arendtiano. «La excepción es una especie de exclusión», dijo en su obra fundamental (HSi 21). De este modo, Schmitt es encajado en Arendt. En todo caso, tenemos aquí consecuencias necesarias de la política de Estado, que no parece claro que se defina como el reino de la libertad. La soberanía del reino de la libertad política de Estado en Arendt es también la capacidad de producir el reino de la necesidad de los excluidos, la nuda vida en Agamben.

Pero con esta remisión, el pensamiento de Schmitt es atraído a un ámbito que distorsiona su sentido de forma radical. Agamben lo sabe bien y tiene que hacerlo explícito cuando dice: «La pareja categorial fundamental de la política occidental no es aquella de amigo-enemigo, sino aquella de *nuda vita*-existencia política; *zoê-bios*, exclusión-inclusión. Hay política porque el ser humano es el viviente que, en el lenguaje, separa y opone a sí la propia nuda vida y, al mismo tiempo se mantiene en relación con ella en una exclusión inclusiva» (HSi 11). Aquí apreciamos una de las claves de Agamben. El modo de consideración del excluido es posible por contraposición al modo de consideración del incluido. Esta afirmación obliga a la soberanía a moverse en un plano diferente y más básico que la relación de amistad y enemistad. Agamben afirma en este texto que Carl Schmitt está equivocado cuando supone que el soberano es el que decide la existencia del amigo/enemigo. Esto no sería lo esencial de la soberanía. Lo propio de la soberanía sería la decisión entre el ciudadano y el no ciudadano. Ahora podemos preguntarnos: ¿por qué es tan importante este matiz para Agamben?

Evidentemente, estamos ante dos cosas completamente diferentes. La decisión de Schmitt no implica una condición permanente. Un Estado puede vivir perfectamente sin decidir que otro Estado es un enemigo. Pero no puede vivir sin definir y excluir a sus no-ciudadanos. Declarar a alguien no-ciudadano no es declararlo enemigo, cierto. Uno puede ser no-ciudadano, ser reconocido como tal, y sin embargo no representar el peligro existencial que justifica la declaración de enemigo público. No por no ser ciudadano alguien además debe morir, como sucede con el enemigo. Por cierto, y para hacer pensar a los lectores de Arendt, esta declaración de enemistad podría caracterizarse como estado de necesidad, no precisamente de libertad. Pero declarar a un ser humano no-ciudadano no implica estado de necesidad, ni estado de guerra o de sitio, las formas en que actúa el soberano schmittiano. Al concepto de Estado no le es esencial declarar en todo tiempo a otro Estado o a otro ser humano como enemigo público. Solo en un estado de necesidad se hace. Pero sí le es esencial a un Estado saber que otros hombres no son sus ciudadanos y excluirlos. Eso sucede siempre, continuamente. Por eso, si se hace corresponder la decisión soberana, propia del estado de excepción, a la declaración de esa dualidad de inclusión/exclusión, el estado de excepción se convierte en la norma permanente del Estado. Separar el estado de excepción de la declaración de hostilidad es fundamental para hacer del estado de excepción la condición normal del Estado. La práctica constante de la soberanía reside en tomar continuamente esa decisión sobre inclusión/exclusión. Esa práctica define un estado de excepción que es continuo. El Estado alcanza a los que no están en su órbita, los incluye en su acción, pero solo para excluirlos de su acción que otorga derechos.

¿Pero qué ganamos con esto? Ante todo, el desplazamiento de la mirada, que ya no se concentra en la guerra como forma soberana, sino en algo más cotidiano, habitual y constante. Acompañamos así la operación de Foucault de perder de vista el soberano bélico y sacrificial, pero no por ello la soberanía ha desparecido. En realidad, dejamos a Schmitt en el pasado. Lo que hace que el soberano declare la hostilidad —en sentido de Schmitt— es que siente un peligro existencial ante otro *bios*, otra forma de vida, otra forma de organizar la libertad. El soberano que decide que alguien es un enemigo existencial y público no lo reconoce a este como mera *zoê*. Si declara que alguien está excluido tampoco lo hace *porque* sea mera vida animal. Él lo reduce a eso con su decisión. Lo reconoce como una forma de vida extraña cuya definición no le incumbe salvo para excluirla y ver en ella mera vida animal, mera *hominitas*.

En Schmitt, el enemigo dispone de un *bios* otro, que puede poner en peligro el propio. En términos aristotélicos, lo que para uno es un buen vivir, para otro es morir. Schmitt hablaba de lo político cuando con el otro no se puede cooperar. Lo político emerge cuando se decide luchar mediante una declaración de enemigo, sobre la base de una diferencia de valor existencial. Como una parte inseparable del buen vivir es vivir, el soberano defiende su buen vivir y su vivir en tanto que ambos se ven amenazados por el enemigo. Esta puede ser una relación simétrica. No forja una exclusión inclusiva. Es sencillamente el reconocimiento del otro como un peligro. No hay aquí reconocimiento de una cosa que se llama *nuda vida*. Por eso, el paradigma inmunológico de Esposito, más basado en Schmitt, es también intuitivo para describir la vida del Estado. Los agentes contra los que nos inmunizamos también tienen su forma de vida. En realidad, no se abre paso aquí el modo de consideración abstracto que impone la *zoê*. Para Schmitt no hay *zoê* sin un mundo de la vida, sin forma de vida. Incluso los excluidos del Estado tienen su *bios*, y esa es la raíz del perenne antisemitismo de Schmitt. Si lo político para este es inseparable de la posibilidad de la diferencia amigo-enemigo, eso no quiere decir que lo político sea inseparable de la diferencia *zoê-bios*. Es inseparable del hecho de que, para disponer de un *bios*, se necesita estar vivo. Eso no implica que haya vida desnuda. No se necesita identificar una característica *zoê*, que afecte a un tipo de ser humano a la vez excluido e incluido de la humanidad. Por eso el enemigo es un enemigo justo y también *in bello* hay derecho. Lo que se deriva de ahí es precisamente lo contrario: que no se pueden separar nunca ambas dimensiones, *zoê* y *bios*. Esa es la base de los órdenes concretos del existir histórico. Creo que eso es lo que quería decir Aristóteles cuando comentó que la comunidad política había *nacido en vista del vivir*, pero existía esencialmente en *vista del vivir bien*. Pues aquello que permite a un pueblo mantener su existencia constituye su modo de vida en el que tiene puesto el criterio del buen vivir. Esto es así porque no puede haber vivir sin afecto al modo de vivir en que uno se siente seguro. Vivir siempre es algo concreto, realizado en un modo de vida. No se vive sin un mundo de la vida. Y en él se cifra el buen vivir. El excluido es separado de su mundo de la vida.

Pero ¿por qué Agamben ha proyectado a Hannah Arendt sobre las paradojas del estado de excepción y de la soberanía de Schmitt? ¿Por qué donde Schmitt dice amigo/enemigo tiene que decir Agamben *zoê/bios*? Sencillamente porque solo así esta signatura remite hacia Foucault. Cuando Agamben publicó *Homo sacer I* no se conocía por entero *El nacimiento de la biopolítica*, que se publicaría en 2004. Por supuesto, el resumen del curso sí estaba editado y se conocía ya su inclusión en *Dits et écrits*. Pero el libro como tal no se conocía y por tanto el concepto de biopolítica no estaba claramente acuñado. En realidad, Agamben solo cita *La voluntad de saber*, una obra de 1976. Allí habla Foucault de biopolítica en términos del proceso por el que «la vida natural» comienza a ser incluida en «los mecanismos y en los cálculos estatales y la política se transforma en biopolítica» (HSi 5). Este concepto de biopolítica es prematuro respecto de la obra posterior de Foucault. Hace referencia a la forma en que se va imponiendo el control poblacional por parte del Estado ya dotado con una potente administración y legislación. Pero como si eso fuera todo lo que el francés hubiera dicho acerca de este concepto, Agamben se lanzó a un desarrollo del mismo. En realidad, es Foucault el que desplaza el concepto hacia Aristóteles y el que explora la diferencia entre *zoê y bios*. «Por milenios —dice Foucault— el ser humano ha permanecido aquello que era para Aristóteles, un animal viviente y, además, capaz de existencia política. El ser humano moderno es un animal en cuya política está en cuestión su vida de ser viviente». Esta cita de *La volonté de savoir* nos sugiere que la inspiración que ejerce Foucault sobre Agamben es directa. En realidad, el propio Agamben se nos propone como el que va a completar la obra de Foucault, impedido por su muerte prematura de profundizar en la investigación que había iniciado de forma tan decisiva.

Así que el movimiento es el siguiente: Arendt muestra que el Estado, al no conceder derechos a los ajenos a su ciudadanía, con su modo de consideración, o de desconsideración, está produciendo vida desnuda en poblaciones. Es lo contrario de lo que hace el Estado-nación desde el siglo XIX, actitud que implicó sencillamente coaccionar en el sentido de una forma de vida. Schmitt mostraría que el soberano produce estado de excepción. Benjamin habría argumentado que el estado de excepción es el estado normal del Estado. Agamben habría asentado las evidencias de la posición de Benjamin al vincularlo con Arendt: el soberano produce un estado de excepción normal al producir vida desnuda y excluida. Esa es la esencia del soberano estatal y constituye el estado normal de la vida política y jurídica. Foucault habría mostrado que el soberano que da muerte ha quedado atrás, y Agamben habría añadido que ahora produce vida, pero esa vida desnuda. La clave de todo reside en que el mismo Estado que excluye y produce vida desnuda es el que determina la vida de sus ciudadanos con disciplinas de todo tipo. Decide la nuda vida para disciplinarla a su arbitrio sin resistencias. El objeto central de la política es así la biopolítica, el efecto esencial del soberano. En un caso porque excluye y en otro porque a los que incluye reglamenta y ordena su vida biológica como objeto central de su política. Así, en el dispositivo Agamben, todos se corrigen a todos. En el resumen de *El nacimiento de la biopolítica*, Foucault pensó que la biopolítica era una forma de gobierno que no necesitaba de la soberanía del Estado; ahora se le recuerda que todavía rige aquí la forma política soberana de Schmitt. Pero su contenido ya no es la declaración de guerra, de sitio o de excepción, sino la constante de la exclusión y la producción de nuda vida, esos seres humanos carentes de derechos de Arendt. En efecto, esta sería la forma de gobernar a los sin papeles emigrantes o refugiados que así se integran en la forma de gobierno mundial de la libertad económica y natural.

Por supuesto, Agamben no revisó sus nociones a la luz del texto definitivo de Foucault tras editar la obra completa *El nacimiento de la biopolítica*. El sentido de biopolítica tal y como se ofrecía en los textos publicados antes de 1995 marca la diferencia del soberano que da muerte al soberano que procura vida, expresado aquí como el paso del estado territorial al estado poblacional. Se intentaba así la genealogía de la biopolítica, pero no se realizaba del todo. Aquí Foucault decía que el individuo «en cuanto simple cuerpo viviente» es el objeto de las estrategias políticas. Así se reconoció la importancia de la salud de la población para el poder soberano, que se transformaba en el «gobierno de los seres humanos». Y entonces concluye Foucault que ahí se da una especie de «animalización del ser humano» como resultado de las técnicas políticas. Con el genio que lo caracterizaba, capaz de las formulaciones más impactantes, Foucault afirmó que así se abría paso la posibilidad de las ciencias «humanas y sociales». Con ellas se iniciaba «la simultánea posibilidad de proteger la vida y de autorizar el holocausto» (*Dits et écrits* III, 719). Ciertamente, de este modo Foucault se hacía eco de la *via regia* del darwinismo social y político como forma de enderezar la competencia entre los Estados en la época del imperialismo. No podemos olvidar que los planteamientos de Foucault dependían de los poderosos comentarios de Nietzsche acerca de la domesticación del rebaño humano y de llevarlo al momento sacrificial de la gran política.

Ahora todas las remisiones convergen. Pues esa atención a la vida en tanto vida animal, saludable, vigorosa, enérgica es lo que determinó el triunfo del capitalismo, en tanto control del cuerpo dócil y disciplinado, fruto del efecto de sujeción al biopoder. Con ello, la *zoê* como objeto vivo fue identificada por el soberano, en un caso, como el punto cero adecuado evolutivamente por sus características potenciales apropiadas a la producción capitalista, como cuerpos que había que atender y proteger para hacer de ellos órganos disciplinados dóciles y superiores; en otro caso, como cuerpos excluidos destinados al holocausto, a la destrucción masiva en tanto declarados incapaces e inservibles. En el límite, en el caso nazi, el criterio de exclusión no fue la adaptación a las necesidades de la producción, sino sencillamente la condición pretendidamente biológica de la vida, una dimensión de nuda vida en tanto vida inferior cuyo problema económico era cómo hacerla morir sin gran coste. El excluido y el incluido, sin embargo, solo eran mirados desde el mundo productivo de la economía que debe optimizar una relación adecuada con la nuda vida.

La biopolítica se convierte así en la forma del capitalismo triunfante del presente, que hace productiva la vida y mata con la mejor eficacia económica al cuerpo inservible. Con ello, Agamben puede citar a Hannah Arendt y relacionar el *animal laborans* de la vida económica con la *zoê*, la superior y la inferior biológicamente, un estatuto animal que va poco a poco monopolizando la vida moderna, eliminando la libertad de la política. Por eso, dice Agamben, no se comprende cómo el análisis de *Los orígenes del totalitarismo* no se pone en relación con esta cuestión del triunfo del *animal laborans*, un comentario no del todo justo, ya que en la raíz del totalitarismo reside la destrucción de los modos de vida tradicionales para imponer de forma desinhibida el mundo técnico. Más allá de ello, la cuestión es que ahora la biopolítica de Foucault canaliza el verdadero rostro del totalitarismo y abandona las ambivalencias valorativas que el francés proyectó sobre su forma de gobierno. Ahora, en la culminación de la metafísica moderna de la voluntad y del trabajo, el totalitarismo contemporáneo impone el ingreso de la *zoê* en la política. El totalitarismo del *animal laborans* es la biopolítica. Su consecuencia es un holocausto particular que tiene lugar en los nuevos campos que son los Estados. Todo cuadra finalmente en la coherencia del dispositivo.

Una lectura reflexiva de *El nacimiento de la biopolítica* debería haber llevado a Agamben a discutir la tesis de Foucault de que precisamente la biopolítica sea el gobierno a través de la producción de libertad. Quizá este punto debía llevar a considerar la nuda vida como esa precisa generación del espacio de libertad. La aspiración de la biopolítica no parece tanto la de excluir, sino la de incluir a toda la población en los flujos de capital, mercado y producción, para lo que el tránsito por la nuda vida es necesario. El soberano solo parece jugar con una temporalidad en la que sus decretos de exclusión no son sino provisionales, algo así como un rito de tránsito. Lo que parece caracterizar el presente es que la lógica de inclusión/exclusión ha de someterse finalmente a una lógica productiva. Esto es lo más parecido a la lógica de los campos, que regulaba la vida de los internados desde su propia economía. La diferencia es que ahora el rito de tránsito es a la vida productiva y en los campos era a la desnuda productividad de la muerte. Hacer circular a los seres humanos en sus estrategias de exclusión/inclusión parece uno de los negocios adicionales de este capitalismo mundial. Desde esta perspectiva, los análisis de Agamben conceden demasiada importancia quizá al síndrome del «desierto de los tártaros» que caracteriza a la Europa asediada por la emigración y no es sensible a la temporalización que es propia del proceso.

De este modo, la producción de nuda vida tiene una plena funcionalidad dentro del capitalismo contemporáneo, tanto para los que decide excluir como para los que decide incluir. En unos y otros es la forma de adaptarse a un futuro técnico regido por la lógica de los nuevos dispositivos económicos. Lo que caracterizó la modernidad fue la intensificación de la relación entre la salud de los cuerpos —la fuerza de trabajo viva— y el aparato productivo capitalista. Hoy, la adaptación a los trabajos que abre la técnica reclama una formación especial de erosión de tradiciones y de adaptaciones orgánicas del todo diferente. Aquí se da también una aceleración sin precedentes. Agamben no está interesado en estos matices que hablan de una historicidad del capitalismo y la intensificación de sus exigencias para lograr la adaptación del psiquismo humano. La política de poblaciones contemporánea clásica tiene que ver con el aprendizaje de técnicas, capacidades, competencias que tienen la fábrica y el ejército como esquema de incorporación, mientras que la biopolítica neoliberal se centra en los motivos de construcción de subjetividad a partir de una cierta libertad. En un caso y en otro no se trata de producir nuda vida sino de trabajarla como tránsito adaptativo a un futuro inédito. Sorprende que no se tenga esto en cuenta. El «evento formativo de la modernidad» (HSi 7) pudo ser la consideración de la energía de la fuerza de trabajo como elemento central de la productividad. Esa gran disciplina ascética del cuerpo daría paso en la biopolítica neoliberal a la experiencia psíquica de la libertad como motivo fundamental de adaptación a las nuevas condiciones técnicas. No se trató nunca de la vida animal en todo esto, sino del desmontaje de mundos de la vida previos, de llevarlos al punto cero que garantiza su adaptación.

Agamben no hace estas distinciones intrahistóricas relativas a la evolución del capitalismo. Él alcanza a ver en la biopolítica neoliberal, en el tratamiento de la nuda vida como objeto de la política, el secreto de todos los enigmas del presente, de los cuales el nazismo es solo el más inquietante. Este es el punto decisivo. Lo más interesante de este planteamiento es, desde luego, la posibilidad de que exista una continuidad entre el actual gobierno neoliberal, pretendidamente basado en la producción de libertad, y el gobierno de poblaciones moderno, que sirvió al crecimiento económico imperial de los Estados europeos, y que fue el camino concreto por el que se impuso el capitalismo mundial, que alcanzó su paroxismo con el nazismo, con su criminal política de exterminio de los judíos. Esta es una hipótesis que no puede ser desdeñada. Vendría a decir que el universo teórico de Hayek, que emerge como una denuncia del estatalismo contemporáneo —socialdemocrático keynesiano, estalinista o nazi, eso es lo de menos—, constituye una continuación del totalitarismo que él mismo denuncia. Esta continuidad implicaría una reducción de la relevancia de la cuestión judía. La biopolítica sería sustantiva, pero podría concretarse de diversas maneras. La neoliberal protegería la vida y daría libertad motivacional para integrarse en el mercado, dejando entregados en la tierra de nadie de las potencias naturales a los palestinos de la Franja, a los migrantes que se hunden en el Mediterráneo o los hispanos que se pierden en los desiertos. La nazi protegería la vida superior aria y reduciría la vida inferior a nuda vida. Ambas se basarían en el dispositivo de exclusión/inclusión. Cada una tendría sus propios campos en los que se desembarazaría del resto biopolítico con el menor gasto, por un lado, y su administración biopolítica de poblaciones incluidas para adaptarlas al sistema productivo, por otro.

La continuidad dependería de la dialéctica de inclusión/exclusión, y por eso Agamben insiste tanto en ella. Eso es lo decisivo. Como en toda la lógica moderna, esa *ratio* estaría determinada por una lógica económica. A los incluidos, se los adapta al sistema productivo. A los excluidos, se les deja morir con el menor gasto posible, por ejemplo, con fentanilo. Por supuesto, si acumulamos las remisiones de Arendt, Schmitt y Foucault diremos que el soberano schmittiano tiene una *ratio* económica, garantizar el *animal laborans* de Arendt, solo que este cambia desde el capitalismo clásico contemporáneo al neoliberal foucaultiano, pues este tiene que realizarse con una cierta contribución del sentimiento de la libertad. En este sentido, a los excluidos se les demanda una expresión de libertad de integración —que llamen a las puertas del mercado de Occidente—, libertad que es rechazada para otros mediante el decreto soberano de exclusión. Los campos serían así esos lugares de excepción excluyente en los que se hace valer la decisión del soberano. Ahí se culminaría la biopolítica y se tendría el nuevo totalitarismo.

Sin embargo, esta conjunción de reenvíos a Schmitt, Arendt y Foucault no implica en ningún caso un elemento central de los campos, el exterminio, el holocausto. Para culminar la analogía tendríamos necesidad de la autorización para matar que llevaba consigo la declaración de enemistad. Para incluir en el núcleo de la nuda vida del excluido la dimensión de hostilidad y muerte, Agamben necesita dar un paso. Antes de acompañarlo en ese paso debemos recordar que el régimen nazi no exterminaba a los judíos porque se los representara bajo la categoría de *nuda vida*. No era así. Los excluía y los declaraba enemigos porque manchaban la sangre aria, porque representaban una forma degenerada de vida, y porque la extendían. Era el paradigma inmunitario lo que se puso en obra allí, y de forma tanto más dramática cuanto más mezcladas estaban las familias. Por tanto, no era solo por su *zoê* judía, sino por la asumida inseparabilidad de *zoê* y *bios* judías, con su conjunto *científicamente* comprobable de influencias nefastas y despreciables. No era por su *zoê*, sino porque su *zoê* determinaba una forma de vida que infectaba la sangre y la vida cultural superior del pueblo ario. Esto no tiene nada que ver con Aristóteles, ni con la metafísica occidental, sino con una forma grotesca de comprender el darwinismo, que dio alas al resentimiento, al odio y a los intereses cobardes de suficientes poblaciones como para forjar un programa político impuesto por la fuerza. Que no venciera en todas partes muestra que era un asunto contingente sobre el que cabe pedir responsabilidades humanas, no un destino metafísico.

Con ello hemos delimitado el argumento. Ahora tenemos que ver qué relación hay entre la capacidad de producir exclusión, la decisión soberana de producir nuda vida, la capacidad de producir campos y la capacidad de exterminar. Pues solo si mostramos una conexión firme de estos aspectos estaremos en condiciones de hablar de un soberano que vive en un estado de excepción normalizado que es el totalitarismo contemporáneo biopolítico, cuya forma más inquietante fue la del nazismo, pero que seguiría vigente y anclado en la matriz misma del mundo contemporáneo. Si llegáramos a establecer una conexión significativa sobre todo esto, habríamos alcanzado una forma de sintetizar la signatura de Heidegger y de Benjamin, de Schmitt y de Arendt, y de dar culmen a la obra de Foucault. Como veremos, esto no será posible sin incluir la signatura de Guy Debord y de Deleuze en el dispositivo filosófico de Agamben. Pero, para verlo con claridad, tenemos que entender cuál es el sentido de la nuda vida y su problemática relación con el asunto del estatuto de *homo sacer*. Pues todo el método de la ontología lleva a reparar en la prehistoria de este régimen histórico, a identificar el fenómeno originario del que todos los demás son planos de deslizamiento, variaciones históricas. Esa prehistoria es el *homo sacer*. Y, por eso, Agamben tiene necesidad de igualar nuda vida y *homo sacer* para hacernos comprender que la nuda vida puede ser exterminada. Como anticipé, este movimiento no es convincente.

3

HOMO SACER: FENOMENOLOGÍA Y ONTOLOGÍA DEL PRESENTE

1. NUDA VIDA

Para vincular la nuda vida del excluido de todos los derechos a la posibilidad de exterminarlo —sin que tenga que ser declarado enemigo al modo del soberano de Schmitt—, Agamben utiliza el procedimiento de asociar intensamente la nuda vida a la figura arcaica del *homo sacer*. Por eso dice al principio que «protagonista de este libro es la nuda vida, esto es, la vida exterminable e insacrificable del *homo sacer*» (HSi 11). Esta es la tesis central y la que se quiere reivindicar como «esencial a la política moderna» (HSi 12). El judío como *homo sacer* exterminable prepara la generalización del excluido como eliminable. Así se revelaría la ontología de lo que siempre fue. Esta sería la pieza central de la biopolítica. Así que una oscura figura del derecho romano arcaico constituye la esencia ontológica del Estado moderno y de la condición contemporánea. Con ello regresamos al *arché*, al paradigma originario cuya signatura se desplaza por el tiempo. *Homo sacer* es la figura originaria de la «absoluta matanza» que los nazis presentaron en los campos construidos sobre la normalización de la nuda vida. Esa misma figura estaría latente en fenómenos presentes en nuestras sociedades que solo en apariencia son diferentes. Eso es lo que estaría detrás de la soberanía, de toda soberanía, cuando se le retira sus idealizaciones. En sí misma, la operación de ver la política a la luz de esta figura es un hallazgo potente y fascinante. Sin embargo, hay algo de problemático en todo esto.

El discurso de Agamben se mueve aquí en dos planos. En el primero puede haber una cierta relación entre la matanza absoluta que han provocado los Estados en la historia y la fuerza de la soberanía. Esa relación mantiene su continuidad en la vida del Estado moderno. Las masacres de judíos de la Inquisición hispánica, la noche de San Bartolomé, el tribunal de los tumultos de Alba, las terribles matanzas de las guerras revolucionarias, las carnicerías de la Primera y la Segunda Guerra Mundial, las purgas estalinistas y las matanzas de campesinos, los millones de muertos de Mao, las guerras nacionales, en suma, allí donde llega el Estado, allí tenemos los ecos de sangrientas matanzas humanas. Desde Asurbanipal hasta Putin, seres humanos protegidos por el poder o revestidos de la soberanía, han llevado a millones de seres humanos a la muerte. Parece, en cierto modo, que el arcano de la soberanía es la autorización para matar. Esto no constituiría el paradigma político de Occidente (HSi 12). Constituye la consecuencia de un poder concentrado, caracterizado por la soberanía, que hereda la capacidad de matar masas ingentes de seres humanos desde los antiguos imperios. El propio Agamben lo reconoce. La inscripción de la *zoê* en la *polis*, como capacidad de dar muerte a los cuerpos vivos desnudos, es «en sí antiquísima» (HSi 12). Así que la biopolítica a veces parece significar algo tan viejo como el sol, la imagen, que ciertamente produce horror, de la sangría perenne de la historia, aquello que Benjamin descubrió bajo las alas opacas del *angelus novus*.

Sin embargo, para salvar la remisión que impone Heidegger en el dispositivo Agamben, que implica un repudio específico de lo moderno, la biopolítica ha de significar también algo más restringido. Conecta con elementos arcaicos, pero es al mismo tiempo algo nuevo. Es la montaña de cadáveres que forja el ángel de la historia, pero también algo más reciente a la vez. Este es el segundo plano en el que se mueve el argumento de Agamben. Y es que la nuda vida del *homo sacer* que se puede matar, en su forma específica de la modernidad, no es como en su origen algo «situado al margen del ordenamiento». No es la tormenta violenta de sangre que generan las expansiones fulminantes de los poderes antiguos y bárbaros. Ahora ocupa todo el espacio político, como ese estado de excepción plenamente normal, según Benjamin. *Lo moderno es la excepción normalizada como espacio de la política*. Presentar la excepción como excepción ofrece una apariencia ideológica de ruptura con las potencias arcaicas y brutales que dominaron la historia del poder. De esta manera, la nuda vida del excluido de todo derecho —según Arendt— se puede exterminar como si fuera enemigo —según Schmitt—, pero sin ser declarado tal, sin excepción. Esto es así porque toda nuda vida alberga la signatura *homo sacer*. Como propia de la modernidad, en el ejercicio soberano de declaración de nuda vida avistamos una guerra de exterminio sorda, sin declarar, en la que se ejercen las potencias biopolíticas. Así llegamos a la conclusión de que se puede culminar la obra de Foucault sobre la biopolítica vinculando todas estas remisiones en el dispositivo Agamben. Pero al culminar la obra de Foucault, reconocemos que tan biopolítica es la protección de la vida y la producción de libertad —que teorizó el francés—, como su otra cara, la autorización para un holocausto que se ceba con todos los excluidos y sin derechos.

De este modo, el mismo gobierno que protege la vida es también el que puede matar. Foucault es tan aceptado como impugnado. La soberanía no cambia ni desaparece. Es una categoría de la historia natural. Lo que cambia es la amplitud de la exclusión, la extensión del estado de excepción, la intensidad del holocausto, el criterio de demarcación de incluido/excluido. Lo que nos sugiere Agamben es que en el presente no hay *ningún límite teórico interno para que esta amplitud no alcance niveles de holocausto*. Así, la democracia liberal extendida por el mercado —el verdadero lugar de la biopolítica de Foucault— alberga a la vez la otra cara del campo que prepara el holocausto (HSi 13). Qué cara domina en la apariencia dependerá de lo que le interese al soberano. Mediante los desplazamientos presentados tenemos así que la democracia liberal oculta la cara del campo de exterminio. La conclusión es esta: «Estos procesos, por muchos lados opuestos y (al menos en apariencia) en acerbo conflicto entre sí, convergen sin embargo en el hecho de que en ambos está en cuestión la nuda vida del ciudadano, el nuevo cuerpo biopolítico de la humanidad» (HSi 13). El gobierno biopolítico actual reposa sobre la producción de nuda vida en los excluidos, de una vida genérica, abstracta, que desconoce todo lo que excluye, y esa es la consecuencia que impone un *bios* hegemónico que regula todo el derecho a formar parte del campo del mercado. La nuda vida ya no es efecto del carácter despreciable de una raza inferior, degenerada y contaminante, como decretó el soberano de la época nazi, sino fruto del decreto de exclusión del acceso al mercado. Pero ambas decisiones soberanas se basan en la misma actitud epistemológica, la producción de abstracción, ese modo de reducción de *bios* a *zoê*, que fue la base del antisemitismo, como ha sabido recordarnos la obra de Moishe Postone. En la medida en que esa reducción implica siempre la signatura *homo sacer*, puede matar.

Esto parece antiintuitivo, pero tiene sentido. En efecto, por ningún sitio se ve un decreto soberano por el que la democracia moderna liberal implique una «liberación de la *zoê*». Más bien, lo que se ve en ella es la pretensión de una determinación completa de la *zoê* por los hábitos de consumo del mercado organizado técnicamente. Por supuesto, para lograr esa determinación, se erosionan todos los modos de vida y se destruyen, pero eso no libera la *zoê*, sino que sencillamente se deconstruyen los hábitos de las formas de vida ya consolidados para disponer a los seres humanos de una *tabula rasa* lista para la ocupación de su vida por el mercado. Ahora bien, la *zoê* es el tránsito obligado y ahí, en ese tránsito, es donde la muerte se puede producir impunemente. Ahí es donde el soberano mata. Sin embargo, no tenemos como sujeto de este proyecto un soberano personal. Eso no es un problema insalvable para Agamben, desde luego. Aunque impersonal, anónimo, maquinal, es soberano, y destruye una forma de vida para tener menos resistencias a la hora de imponer la suya. Pero no es la *zoê* lo que queda reivindicada y liberada. Es más bien lo que puede ser eliminado. El propio Agamben es aquí ambivalente. Tras hablar de liberar la *zoê* dice que la democracia moderna «busca constantemente transformar la misma nuda vida en forma de vida y de encontrar, por así decir, el *bios* de la *zoê*» (HSi 13). Esta es la forma de vida capitalista. Ahí toma su fuerza esa dinámica de la consideración abstracta que elimina todos los rasgos de una forma de vida y la desnuda, pero para disponerla, en tanto desnuda potencia, al *bios* del mercado.

Como vemos, hay un esfuerzo por mirar las cosas en todos sus ángulos, pero una vez más olvidamos que se trata de un proceso que hace imposible que se mantenga el *bios* de muchas poblaciones, que son así forzadas con una violencia extrema —el soberano es anónimo, pero tiene sus esbirros por doquier— a integrarse en el *bios* del mercado mundial que se ventila en las grandes ciudades, a las que llegan como vidas desnudas y sin derecho alguno. Su experiencia de sufrimiento se juega en el terreno de la nuda vida que deben padecer como transición, pero no se abandona la promesa dorada de la forma de vida del *homo economicus* para los elegidos. La nuda vida sería ese momento de tránsito que vemos en las masas de campesinos colombianos desnudos que llegan a las ciudades o los subsaharianos que navegan helados por las aguas del Estrecho. Unos pueden ser heridos por los paramilitares —cuya relación con el soberano no es precisamente de lejanía—, mientras que otros añaden a las heridas procedentes de los Estados fallidos las condenas de los Estados que les cierran las puertas. Pero ningún *bios* se transfiere a otro a través de la nuda vida. Esta es una condición antropológica. Siempre hay otro *bios* en el que la vida se integra. No hay vida desnuda sin transitar a algún mundo de la vida o a la muerte.

Ante estos textos el lector tiene la impresión de que la escritura de Agamben aquí tiene presente la experiencia real del neoliberalismo biopolítico y los fenómenos de la emigración y de las masas de refugiados. En todo caso, la presión del soberano anónimo que rige nuestro destino, con sus automatismos y con sus delegados personales, ahora se alía a las potencias anónimas de los cambios climáticos, que lejos de ser un contratiempo para el capitalismo es una forma de avanzar en la acumulación. En las masas de emigrantes desplazados por la pobreza, por la guerra, por las catástrofes medioambientales, desde luego, muchos de los hábitos de su *bios*, de su mundo de la vida, quedan erosionados de forma radical. Pero si sobreviven tendrán que integrarse en el mercado. En ese sentido, todos ellos ingresan en el mercado, como en el campo, desde la producción de nuda vida. La clave es si el mercado puede compararse con el campo y si en él tenemos la figura del *homo sacer*. El problema es de fenomenología, no de ontología. Se trata de saber si una descripción en término de *homo sacer* es la mejor descripción de las posibles. Y sobre todo se trata de saber si la nuda vida se rige por la signatura del *homo sacer*.

2. NUDA VIDA SIN *HOMO SACER*

El problema no es la erosión de los mundos de la vida con sus densidades históricas, que culmina en la noción de *nuda vida*. El problema no es ese momento de tránsito que implica negar derechos en la tierra de nadie. Ese estatuto es evidente. Permite una buena fenomenología del presente. La cuestión es el *homo sacer* como nuda vida que viene calificada como «insacrificable», pero al mismo tiempo «matable», *uccidibile*; que permite por tanto la doble cara de la protección biopolítica y la matanza de los campos. Ese es el centro de la cuestión. Eso es lo que vincula el aparente proceso antagónico que reconoce derechos y libertades y los niega, que integra y que excluye, que protege y que mata. La ambivalencia de esta categoría es fundamental en Agamben. Al leerlo, los lectores tienen la impresión de que, a través de los procesos deconstructivos que impone la emigración, el exilio, la búsqueda de refugio, pero también mediante la destrucción de los mundos de la vida tradicionales, no se debe liberar la *zoê* como un fin en sí; de que se debe dejar la vida al margen de su mundo de la vida, para alojarla en su *bios*, en su forma de vida tecnificada por el mercado. Los que se queden en el tránsito es su problema.

Pero otras veces parece que la emancipación humana pasa por la liberación de la *zoê*, por la rehabilitación del hombre genérico de Marx, por la comprensión de lo insacrificable de la vida. La acusación que Agamben lanza a la democracia es la de haber sido «incapaz de salvar de una ruina sin precedentes aquella *zoê* a cuya liberación y a cuya felicidad había dedicado todos sus esfuerzos» (HS 13). Hay aquí un eco de la decepción adorniana con las promesas de emancipación que despertó la burguesía. Pero la democracia nunca aspiró a eso. Aquí falla la integración de Arendt. Terreno de la libertad, la democracia es el campo del *bios*, del espacio público, del buen vivir, no el campo de la necesidad, de la economía y del trabajo. Por lo demás, no parece que la democracia haya hundido en la ruina la *zoê*. La especie humana prolifera como especie animal bajo ella. El problema de la democracia no parece expresarse con solvencia mediante la coacción de la *zoê* y la decepción de la promesa de su liberación.

Aquí parece que Agamben acusa a la democracia liberal de dos cosas a la vez: producir la nuda vida del *homo sacer* y no haber liberado la *zoê*. La contradicción se resolvería si Agamben propusiera la emancipación como una liberación de la nuda vida, sin la caracterización de la misma como *homo sacer*. Entonces se abriría paso un estado de excepción sin soberano, verdadero, pero ya sin la potencia de matar. La estructura ambivalente del argumento hace del mercado democrático liberal algo parecido al campo de concentración del estado de excepción soberano, porque califica la nuda vida, su *zoê*, no como ser humano genérico, sino como *homo sacer* insacrificable y al mismo tiempo exterminable. Eso permite la comparación de la democracia con el totalitarismo. Insacrificable, porque la vida, según Agamben, es el único valor que reconoce la política del presente. Exterminable, porque, al ser la vida lo único que reconoce, es también lo único sobre lo que puede tomar una decisión cuando quiere expresar un valor negativo, una exclusión. Así que la dimensión insacrificable y sagrada del *homo sacer* actual es la otra cara de su dimensión *matable*. Fascismo y nazismo serían actuales. Mercado y campos serían dos caras de la misma política que se levanta sobre esa nuda vida que no es la propia del ser humano genérico, sino la exterminable del *homo sacer*. Esta sería la «tesis de una íntima solidaridad entre democracia y totalitarismo» (HSi 14). En suma, la democracia no se ha reconciliado con la nuda vida genérica. No ha realizado el sueño de Marx. No es la democracia sin Estado ni la democracia contra el Estado. Es la democracia determinada por el Estado, falseada por él.

Por supuesto, no se trata de una tesis historiográfica, sino histórico-filosófica. Lo que parece decir Agamben es que la nuda vida no debería estar incluida en la política a través de la excepción y la exclusión, la decisión soberana según el decreto de *homo sacer*. No debería estar sometida al soberano. A veces parece decir que la política debería incluir sin resto «la dulzura natural de la *zoê*», una forma evocadora de activar el principio franciscano de la bondad natural del ser humano (HSi 15). Pero eso significaría una *zoê* que fuera por sí misma *bios*, un buen vivir que fuera sencillamente un vivir, pero que no podría ser declarado *homo sacer* por ningún soberano. Con ello, todas las prestaciones, que con dificultad buscan conseguir las declaraciones de derechos humanos, se tendrían sin necesidad de proclamación alguna. Pues quien proclame esos derechos, como soberano, también los viola y excluye a muchos al reservarse su declaración de excepción.

La política nueva sería aquella que no estuviera fundada sobre la excepción de la *vida desnuda*, sino sobre su condición natural. Esto recuerda bastante la vida animal genérica del humano, ya sin la dualidad básica de inclusión/exclusión, sin soberano que decida. En suma, de nuevo tendríamos la premisa emancipadora del marxismo. Pero esta sustancialización de la vida desnuda, esta naturalización, sería ajena a todo *bios* concreto como forma de vida. Portaría en sí misma su mundo de la vida. El argumento supone que el ser humano genera desde su desnuda naturaleza animal una forma de vida. Algo que intensifica el elemento Benjamin en Agamben, pues nos hablaría de una vida paradisíaca, no caída. Esta propuesta no tiene otras evidencias antropológicas salvo aquella que induce de nuevo a creer en la infancia como *zoê*. Sin embargo, por Freud sabemos que desgraciadamente la vida de la infancia es la menos natural de las que existen, y que está plagada de figuraciones perturbadoras de toda índole. Por supuesto es todo menos dulce. Podemos imaginar lo que sería una vida social en la que los adultos mantuvieran en plenitud el psiquismo de la infancia. Habría dos posibilidades solo: cápsulas que eternicen el narcisismo originario en la soledad de la fantasía —mundo hacia el que vamos—, o desórdenes sadomasoquistas sin número, esto es, más o menos la vida social actual, pero peor aún. Y eso tanto más intensamente cuanto más infantil sea el psiquismo de los adultos. Por tanto, una vida social entregada a la supervivencia de la infancia daría como fruto natural la proliferación de soberanos omnipotentes, y lo mejor que podría pasar entonces es que cada uno de ellos viviera aislado sin relación entre sí. No veo que la infancia sea la evidencia suficiente para la propuesta de Agamben.

Sin embargo, su exigencia indiscutiblemente anárquica tiene un núcleo aparente: si cualquier vida humana alcanzase el reconocimiento de insacrificable y no *matable*, quizá implicaría la realización efectiva de los derechos humanos. Eso es discutible, sin embargo. Para que fuese cierto debería llevar consigo la eliminación de la ciudadanía y con ella de la soberanía de todos los Estados de la Tierra. Pero esto no implicaría sustancializar la *zoê*. Solo podría implicar limitar de algún modo ciertos aspectos de las formas de vida. En este sentido, es verdad lo que dice Agamben cuando afirma que necesitamos una nueva perspectiva para abordar «el problema de los límites y de la estructura originaria de la estatalidad» (HSi 16). Teóricos como Ferrajoli también lo ponen de manifiesto sin el complejo diccionario de la ontología, sino desde el mantenimiento, coherencia y fortalecimiento de la tradición del lenguaje del derecho. En cierto modo, implicaría la aceptación generalizada de la figura del *homo sacer*, en tanto insacrificable, pero sin la contrapartida de ser *matable*, algo así como la reedición de la premisa cristiana. Así que hay evidencias de que el soberano anónimo del dispositivo capitalista actual favorece, fomenta y expande la nuda vida dentro y fuera de su campo de acción. La tesis de Agamben es que mientras esto suceda, la declaración de *homo sacer* puede seguir en cualquier momento. Pues hay fundamento para pensar que la nuda vida facilita la posibilidad de vulnerabilidad del ser humano, como sucede en el campo de exterminio. Si todos fuéramos nuda vida, esta podría ser el punto de partida del camino hacia la emancipación. Pero si la nuda vida es resultado del decreto de exclusión, entonces las consecuencias pueden ser fatales.

3. *HOMO SACER* Y BANDO

En tanto que hay decreto soberano, Agamben complica la figura del *homo sacer* con la del bando. La descripción ontológica del bando, como la del *homo sacer*, es innecesariamente complicada y produce paralogismos que llevan a equivalencias argumentales remotas a partir de premisas aceptables. Esta es la peor cara de la vida del dispositivo. El sentido de las instituciones del bando y del *homo sacer* es bien sencillo. Declarar mediante bando que alguien es *homo sacer*, por ejemplo, el Cid Campeador, significa que dado que ha cometido el grave delito de romper un tabú —en este caso, exigir un juramento a un superior— ha quedado en contacto con alguna realidad intocable o impronunciable, y por ello el afectado debe quedar fuera de la comunidad, como excluido, ciertamente. Eso implica que nadie de la comunidad puede ayudarle a sobrevivir. Sin embargo, la comunidad, o el rey en su nombre, no puede matarlo. Aquí tenemos una huella de la vieja y general repugnancia de las comunidades primitivas de dar muerte a uno de los suyos, reflejo del miedo ancestral a los difuntos, fenómenos que ha documentado Jan Assmann en sus investigaciones sobre la cultura de los egipcios. La nota curiosa es que, si alguien lo mata, no será culpado de homicidio. La comunidad no puede matarlo, y tampoco ordena que alguien lo mate. Sencillamente, se lo coloca fuera de la comunidad y de esta forma se lo entrega a las potencias naturales de los dioses extracomunitarios[1]. Otro ser humano particular también es una de esas fuerzas naturales. No mata en tanto que cum-

---

1. No comprendo cómo Agamben puede decir que la figura del *homo sacer* no ha nacido «sobre el suelo de un orden jurídico constituido». Es una institución más del orden de la comunidad, precisamente aquella que reconoce la existencia de sus límites.

ple una sentencia, sino que entrega su vida a un combate entre fuerzas naturales cuyo desenlace no compete a la comunidad. Por eso, porque entra en una relación extracomunitaria, natural, quien lo mate no puede ser acusado del homicidio de un hombre libre, ni serle reclamada la indemnización que siempre pertenece a una comunidad.

No hay aquí contradicción alguna. Que Macrobio, casi mil años después de la fundación de esta institución, no entienda bien esta figura no es extraño. Pero en las comunidades primitivas era *vivida* con normalidad, como lo prueba el cantor del poema del Cid, escrito siete siglos después de Macrobio. El *homo sacer* es entregado a su suerte por el bando, de forma pública y conocida por la comunidad, para que las divinidades extracomunitarias hagan con él lo que consideren. Solo las potencias míticas naturales pueden decidir si dejarlo vivir o morir. Justo por eso es insacrificable. Los dioses decidirán en todo caso. Si sobrevive es que alguno lo protegerá. Pero si alguien, al margen del rito sacrificial comunitario, lo elimina y lo mata, se considerará que es también la mano del dios que ha decidido sobre él la muerte. Por eso no puede ser acusado de homicidio. De ahí que sea correcto decir que, en esta época, el derecho religioso y el penal no eran diferentes y la muerte según el ritual de justicia común era un sacrificio al dios.

Por lo tanto, es fácil dar razón simultánea de las dos características del *homo sacer*: no poder ser sacrificado de forma ritual por la justicia de la comunidad, y poder ser matado de forma natural sin culpa por cualquier *particular*, pertenezca o no la comunidad, porque esa muerte no implicará una deuda con la comunidad ni se producirá en el terreno sagrado de la misma, ni por tanto será responsable de ella. La clave de todo es que el *homo sacer* es una declaración que entrega la sentencia al dios extracomunitario, no al dios de la ciudad y sus rituales sagrados. No declara una condena a muerte. Es condenado a ser excluido de la protección de la comunidad y entregado al destino. No está fuera de todo derecho divino, como quiere Agamben (HSi 82). Está fuera de la forma jurídica del derecho divino de la ciudad. Pero los derechos de los dioses son más amplios que el derecho del dios de la ciudad, como sabemos incluso por el caso de Ulises. Despreciar la claridad de la institución por otras interpretaciones más rebuscadas, con la finalidad de dar inicio a la marcha de los paralogismos de la ontología, es una operación intelectual discutible.

Agamben tiene razón al vincular el *homo sacer* al tabú, pues alguno ha debido violar quien recibe el decreto de bando; en el caso del Cid, la exigencia de hacer jurar al soberano. También acierta al señalar su remoción respecto de la región de lo profano, que no hay que olvidar, es esa franja intermedia propia de los humanos entre diversos territorios sagrados (HSi 87). Algo impuro antecede a la declaración de *homo sacer*. Por ese contacto con lo impuro que implica la ruptura del tabú, por esa imantación de impureza que se expande, el sometido al bando es también considerado tabú, no puede ser tocado, y es separado de la comunidad. Por esa impureza no puede ser sacrificado. No puede tener contacto con el santuario. No se le puede ayudar ni puede manchar los sagrados rituales. Pero su muerte tampoco será reclamada por la comunidad como deuda. Eso es todo. Lo que sea de él, su suerte, no es asunto de la ciudad, sino que será la voluntad del dios, de su fuerza, de la naturaleza, de esas instancias. El *homo sacer* muerto no podría dirigir su furia contra la propia comunidad. Obviamente, esta institución tiene sentido en un cosmos poblado de potencias divinas, pero claramente organizado entre el adentro de la *polis* y el afuera del mundo. Eso es declarar bando, expulsar a alguien de la comunidad y darle el estatuto de *homo sacer*.

¿Queda esto descrito desde la apelación abstracta a una exclusión/inclusión? En cierto sentido trivial sí. La comunidad lo sigue incluyendo en su vida, pues lo hace objeto de un decreto emanado de ella; pero al incluirlo en su ámbito de poder, lo excluye de su vida. La diferencia radical respecto de muchos otros casos de nuda vida, como el emigrante, el refugiado, el exiliado, como los desamparados que llegan a nuestras ciudades, reside en que este *homo sacer* arcaico necesariamente formaba parte de la comunidad, que sigue plenamente ordenada en sus rituales y sacrificios. Una comunidad no puede declarar *homo sacer* a un miembro de otra comunidad. La diferencia entre esta vida desnuda y la que produce el soberano anónimo capitalista sobre los marginados, precarizados, o perfectos integrados en un mercado que erosiona la forma de vida, es que en este caso no se necesita decreto particular alguno. El soberano anónimo opera confiado en la producción mecánica de excepción masiva y en que la única personalización o subjetivación del decreto se realizará mediante la autoculpabilización. La excepción del *homo sacer* es singular y personal. Por eso requiere la declaración de *bando*. Lo que no se cumple en la nuda vida del humano moderno —refugiado, emigrante, apátrida— es la previsión de que exista un decreto personalizado, ni desde luego la contraparte de la institución arcaica del *homo sacer*, el estatuto de *suplicante*, tal y como era reconocido en Grecia. Los fenómenos de masas y el anonimato de la exclusión cambian las cosas, tanto como el ingreso en el mundo desolado en el que todo mito ya se ha disuelto en mafiosas relaciones de dependencia económica impersonales. De ellas dependerá la vida o la muerte.

El *homo sacer* expulsado no se caracteriza por estar «incluido en la comunidad en la forma de la posibilidad de ser matado», como sugiere Agamben. La comunidad deja de tener vínculo jurídico con él. Un particular puede matarlo, pero no la comunidad. Eso es todo. Como luego explica Agamben, basándose en Jhering, carece de paz; pero eso no quiere decir que la ciudad esté en guerra con él. No cuenta con la ciudad. Para la ciudad es como si estuviera muerto, ciertamente (HSi 117). Pero eso no quiere decir que se halle en el terreno indistinguible entre la ley de la ciudad y el derecho divino. En modo alguno. Su vida pasa a estar regida por lo que dispongan los dioses, cuyo derecho divino es más amplio que el derecho de la ciudad. Lo que en todo caso han dispuesto los dioses de la ciudad, y el bando que les da voz, es que ese humano no puede ser sacrificado. No aceptan su sacrificio ni cargan con la responsabilidad de su muerte. Eso implica que ellos han dejado de protegerlo. Sin embargo, los dioses externos están en su derecho de protegerlo y permitirle sobrevivir, o desfavorecerlo entregándolo a la muerte a manos de un particular o de otra herramienta cualquiera de su acción: un rayo, la tormenta, el hambre, el hielo, una fiera o un alacrán. Por eso está entregado a las potencias naturales y es considerado como un lobo. Por supuesto, todo esto tenía que ver con un mundo en el que no había soberanía en el sentido absoluto. Los suplicantes invocaban dioses, lo mismo que el *homo sacer* podía invocar la protección de dioses, ajenos a la ciudad. No hay vacío aquí. Por eso, tras determinado tiempo, el *homo sacer* podía volver. Si no se sacrificaba al *homo sacer* era porque el derecho de dar muerte, propio de la ciudad, era limitado y regulado por los sacrificios e implicaba purificaciones que no concurrían en el *homo sacer*. El mundo del mito, como nos ha enseñado Blumenberg, está atravesado por la división de poderes. Por eso, en este mundo mítico, según sugiere el concepto de reyes míticos de James G. Frazer, el rey puede ser declarado *homo sacer* e incluido en el bando al final de su mandato. Por eso, con frecuencia, se nombraba rey al más odiado, para poder declararlo *homo sacer* tras su mandato. En fin, en sus apreciaciones sobre estos asuntos, sorprende que Agamben no invoque la cuestión de los reyes míticos, uno de esos casos en los que alguien es declarado *homo sacer* y se entrega al poder de los dioses (HSi 88). Pero llamar a los reyes míticos soberanos es un anacronismo excesivo que ni la más flexible ontología debería permitirse. Por supuesto que pueden ser *homines sacri*, pero son ellos los que son sometidos a una excepción de la ley de la comunidad, que es la ley del dios, no los que declaran la excepción.

En todo caso, el *homo sacer*, sea el violador del tabú o el rey, no está sometido a lo que Agamben llama una doble exclusión. Está sometido a la simple exclusión de la ciudad, pero no de las leyes divinas que rigen el mundo fuera de la ciudad. Por supuesto, no se entrega a la nuda vida. Eso no existe en el mundo mítico. Tampoco a la vida natural, que tampoco existe. El mundo del mito, como ha mostrado Blumenberg, tiene horror al vacío y no permite territorios sin contacto con las potencias divinas, y el *homo sacer* sabe que debe cumplir sus leyes porque sabe con quién lucha. Por tanto, no hay excepción absoluta. Solo existe la excepción relativa respecto a este singular y respecto de los dioses comunes de la ciudad. En todo caso, la relación política no se constituye con la exclusión originaria. Originaria es la inclusión en la estirpe totémica, con la filiación de las concesiones de los dioses a las familias de la fundación de la ciudad que velan por los sacrificios. No hay zona de indiferencia ni puede haberla. Donde no se da una relación con el dios de la ciudad, debe darse con otro. Por eso, quien podía matar al *homo sacer* no tiene nada que ver con el soberano, y de este modo todos los paralogismos de Agamben caen por su peso. Quien declara *homo sacer*, y quien se niega a sacrificarlo, no es quien puede matarlo. Quien puede matar al *homo sacer* es el particular, no la comunidad ni el soberano. Esto significa que nadie parecido a nuestro soberano lo puede matar. Por eso, desde la institución del *homo sacer* no tiene sentido decir que «soberana es la esfera en la que se puede matar sin cometer homicidio y sin celebrar un sacrificio» (HSi 92). Soberana es la esfera donde se puede hacer sacrificios, en el interior, y donde se puede matar a los protegidos por otros dioses, cuando hay una declaración de guerra. Como en la guerra de Troya o como en la Segunda Guerra Mundial.

Por supuesto, nuestro soberano posterior podrá llevar a la muerte a millones de seres humanos sin ser homicida. Pero esto se hace en la medida en que la guerra es declarada. En este sentido, el equivalente de la guerra en forma del Estado moderno es el sacrificio primitivo, como sabía muy bien Joseph de Maistre, no la declaración del *homo sacer*. Por eso, los grandes críticos de la soberanía han hablado de la razón sacrificial que subyace al Estado, lo que es perfectamente aceptado desde Hegel. Sacrificados son los muertos en la guerra declarada, los propios y los ajenos. Todos son inmolados sobre el altar de un dios político. De forma diferente, la vida del *homo sacer* es matable y no sacrificable, porque este no muere a manos del soberano político, sino de dioses ajenos y sus herramientas extrajurídicas. El bando sí es una decisión que podemos reconocer en el ancestro de la soberanía, pero es importante que el bando no mata, sino que justo prohíbe que el soberano lo haga. El dogma de la sacralidad de la vida no surge de este momento (HSi, 93), porque la vida pasa a ser sacra solo desde la decisión singular, no desde la decisión general. Solo cuando exista un Dios universal a cuya protección pueden recurrir los habitantes de cualquier *polis*, entonces se podrá invocar una protección que generaliza la sacralidad de la vida insacrificable y a la vez no *matable*. Solo esta teología universalista, que potencia una relación general del ser humano con los poderes protectores de la divinidad, hace a «todos los hombres potencialmente *homines sacri*», pero entonces no *matables* (HSi 94). Una vez más, esto significa que gozan de la protección de un Dios ajeno a todos los dioses de las *poleis*, en el caso cristiano el panteón pagano de la ciudad imperial romana. Si Roma los sacrifica muestra su carácter tiránico, pues realiza algo contra el nuevo Dios. Con el cristianismo, cualquier *homo sacer* decretado por el soberano tiene garantizado el estatuto de suplicante ante el nuevo Dios, en cuyos templos puede acogerse. Por eso no serán ni sacrificables —porque así lo declara la comunidad soberana—, ni matables —porque todo el ámbito fuera del Estado o la comunidad política está protegido por la Iglesia—.

En todo caso, no hay algo indistinto al ámbito religioso y profano, como quiere Agamben. El primero alcanza a la totalidad de las cosas del cosmos natural en su representación mítica, incluidos los dioses de la propia ciudad; el segundo concierne al ámbito de la comunidad que se abre paso en la franja entre lo tabú sagrado puro o impuro, como enseñó Roger Caillois. Con el *homo sacer* no se aprecia un espacio tercero que sería el «primer espacio político en sentido propio», en el que identificaríamos una entidad llamada soberanía (HSi 94), que excluye incluyendo, que no sacrifica pero mata, y que es capaz de atravesar para siempre la historia, mucho antes de que Bodino definiera la soberanía.

Se aprecia el territorio ajeno a la *polis* no regulado por el dios comunitario, ámbito poblado de dioses y potencias no políticas. Ese tercer espacio, que es el espacio trascendente de la ontología, no aparece tras un análisis de la institución del *homo sacer*.

4. MITO Y MUNDO DESENCANTADO

La nuda vida en cuanto tal, esa vida que resta cuando se pierde todo estatuto jurídico y religioso, no puede aparecer antes de que se destruya la construcción mítica, cuando la vida captada por la ciencia identifique el sustrato común animal del ser humano. Esto no es posible antes de Malthus, que entendió que la responsabilidad del Estado era alimentar poblaciones, ni de Darwin, que reconoció plenamente que no hay diferencia entre la vida humana y la vida animal. Fue entonces cuando la vida humana pudo ser reducida a vida animal, y cuando el sentido básico de vida humana fue el desnudo vivir. Ese estatuto desnudo del mero vivir biológico, en efecto, hoy puede abrirse con la decisión de un soberano que se niega a integrar una vida en su orden jurídico. Entonces el ser humano será representado como mera vida. Pero esto no tiene como ancestro la institución del *homo sacer* singular, cuyo vivir sigue sometido a las potencias míticas que rodean sin vacío posible el mundo en que vive y cuya pena está en haber violado ese mismo mundo.

El presupuesto conceptual de la nuda vida es el momento histórico en que se impone la identidad básica y naturalista de la vida humana y la vida animal, que se hace visible tan pronto la vida social se neutraliza como forma constitutiva del ser humano y cuando ya las potencias míticas han dejado de iluminar la naturaleza. El soberano sería el que decide en un sentido u otro de la integración en la vida social y jurídica de una vida humana desnuda, lo que deja su decisión en la arbitrariedad soberana. Pero este soberano solo puede percibirse así tras Darwin, o tras su antecedente inmediato, Malthus. Su previsión no tiene nada que ver con el sacrificio al dios del Estado, o con lo matable en tanto acción de otros dioses. Es sencillamente una previsión de abandono y de indiferencia. No hay aquí *homo sacer*, sino el anuncio de la vida desnuda contemporánea, la vida biopolítica que constituye la otra cara de la integración en la vida social del mercado.

El nazismo, última manifestación de ese degradado darwinismo brutal, llevaría esta decisión específicamente contemporánea a su última expresión. En todo caso, nuda vida para él es el resto que queda cuando se ha destruido todo el mundo de la vida ancestral; el estatuto de ciudadanía, desde luego, pero también la forma de vida, mediante la deportación, la separación familiar, la reagrupación animal de los desconocidos en los vagones de transporte de ganado, el uso descarnado de su capacidad de trabajo hasta la extenuación mortal. En este sentido, la nuda vida es ciertamente creación de la decisión soberana, donde el bando ya no está justificado por la fractura de un tabú, sino por la supuesta ciencia biológica de la raza, y tiene como horizonte su utilización como energía y su eliminación de la forma económica menos costosa. Apenas se puede encontrar un mundo más distante del organizado sobre el mito, que es el presupuesto del *homo sacer*. Pues aquí el soberano nazi decide producir nuda vida, pero se aleja de la calificación de *homo sacer*, porque esa nuda vida no es abandonada al margen del soberano, sino que permanece bajo su control, es por completo aprovechable desde el punto de vista económico y solo es pensable desde ese aprovechamiento, incluso hasta el momento de su muerte. Aquí ya no hay sacrificios ni nada que se le parezca. Es matable, pero por el mismo soberano. El judío, por supuesto, no se puede sacrificar en el campo de batalla en la carnicería ritual del Estado, ni se puede matar al margen del sistema productivo. La vida animal ni siquiera es la condición basal del ser humano. Es todavía algo más abstracto: es recurso y energía, o elementos como dientes, pelo o grasa. El musulmán, al que Agamben ha dedicado un libro inolvidable, no es el animal en el que descubrir la vida desnuda. Es lo que queda del ser humano bajo una muy precisa apreciación económica: cuando ya la vida muscular y neuronal humana no alberga energía capaz de ser usada como fuerza de trabajo productiva —Marx denunció estos análisis naturalistas del trabajo que ya estaban en la economía clásica— se la deja morir bajo la previsión de que cueste el menor dinero al Estado darle muerte.

Estas distinciones conviene que las tengamos en cuenta. Lo que vincula el presente con el campo de concentración es, sobre todo, la completa entrega de la vida, de su mantenimiento y de su destrucción, a la economía de medios. La consideración de la nuda vida brota así de los ojos económicos del soberano y tiene en esa dimensión objetiva su condición impersonal y abstracta. Esta economía de la vida es más profunda que la consideración biológica desnuda. El vacío de representaciones superiores, míticas, religiosas, que caracterizaba el mundo del *homo sacer*, queda poblado por abstracciones científicas que sintetizan de forma inseparable y decisiva la biología y la economía.

Pero ni siquiera entonces el poder soberano que declara la no inclusión de la nuda vida en el esquema jurídico de la ciudad, y hace de un ser humano un *homo sacer*, ejerce la *vitae necisque potestas*. El *homo sacer* no es exterminable por él. Los *matables* por él deben ser sacrificables. De la misma manera hoy, el soberano anónimo sencillamente deja la vida sometida a las potencias naturales, al mar, a las bandas criminales, a las mafias, a los violadores, al mundo del azar y de la fortuna, al mundo que resta cuando queda despoblado de potencias míticas o tampoco está al alcance de los institutos jurídicos. Ese soberano no mata al excluido, y si lo hace, como Marruecos y España, es declarado criminal. Sencillamente, no ejerce el viejo derecho de acoger a los suplicantes, y deja que la vida animal se entregue a las potencias naturales. Por supuesto, ni siquiera ese gesto está al margen de una lógica que conecta la digna economía productiva con la negra economía del crimen. El poder de vida y muerte del soberano es siempre un poder que tiene su origen en la capacidad de realizar sacrificios al dios de la ciudad. Ahí no está el *homo sacer*. Que la ley se haya ampliado de manera descomunal no evita ciertamente que sea la heredera de la zona de legitimidad que marcaban los ritos sacrificiales. Por eso, es cierto que el elemento político originario es la vida expuesta a la muerte (HSi 98), pero no lo es que eso resulte equivalente a la «*nuda vida* o vida sacra». El Estado se relaciona con la vida expuesta a la muerte a través del sacrificio, no a través del *homo sacer*. Dar muerte a este es siempre cosa de otro. Es más barato y descomprometido. Incluso los nazis preferían que el musulmán muriera por sus propia entropía muscular y psíquica. De ahí que, para la época dorada de la soberanía, solo se pueda dar muerte al extranjero si hay declaración de guerra. Los muertos en la guerra legal y declarada, la guerra en forma, son sacrificios que no pueden valorarse como asesinatos. Ni siquiera en Guantánamo se mata. Solo los operativos especiales de seguridad anónimos, secretos y ocultos, pueden matar. Incluso los recientes y criminales protocolos sobre la tortura, como lo muestra el libro de Massimo La Torre, contemplan que el torturado no muera en el proceso[2].

Resulta claro, como lo han puesto de manifiesto Pierre Legendre y otros, que el *ius patrium* originario es el derecho de sacrificar al hijo. No por supuesto de declararlo *homo sacer*. En este sentido, que el *imperium* esté asociado a la realización de rituales religiosos relacionados con el patriarcalismo muestra su estructura sacrificial. Por eso se puede hablar de un *imperium privatum* del padre y se puede considerar la *patria potestas* como una especie de oficio público que luego será extrapolada a los senadores como padres de la patria. Todas estas consideraciones de Agamben son acertadas, pero en modo alguno tienen que ver con la institución del *homo sacer*. Nadie declara *homo sacer* a quien puede sacrificar. En Roma, por tanto, no tenemos esa zona de indistinción en la que se coloca el discurso ontológico. Pero para Agamben esta zona es fundamental, pues ahí, en la indistinción, es donde se supone que el estado de excepción se normaliza, y al margen del derecho, emerge el poder soberano como «poder incondicionado de muerte». Pues en la zona de indistinción no habría límite ni al derecho humano ni al divino. Como hemos mostrado, eso no es así en los universos del mito, por lo que no hay poder incondicionado de muerte. Como sabemos, el mito tiene miedo al vacío y a los espacios de indistinción. En realidad, estos no han existido nunca. Aquí Agamben se excede respecto de la lógica del Estado. Ni siquiera los nazis dispusieron de ese poder incondicionado de matar. Estaba condicionado por la declaración *científica* que individuaba una vida animal biológicamente corrompida en una sustancia vi-

---

2. M. La Torre, *La justicia de la tortura*, Trotta, Madrid, 2022.

tal, y después por la condicionalidad del uso productivo de esa vida degradada a puro trabajo vivo. Sin embargo, es verdad que la condicionalidad de la ciencia es la más laxa que jamás logró el ser humano. Incluso en el caso de que esta declaración *científica* no fuera sino un mero montaje ideológico, su necesidad sería el síntoma de un poder condicionado que, movido por la mala fe, sentiría la necesidad de soportar el crimen generalizado en una ideología. Mas todo esto implica hablar del *novum* histórico del nazismo. Un momento histórico que, habiendo sustituido el mundo del mito por la ciencia elevada a comprensión mítica, y reducido la felicidad a la buena administración económica como único valor, hace de la muerte el resultado de la racionalidad científico-técnica cuyo único fin supuesto es la protección de los que reciben felicidad a cambio de obediencia.

Aunque he expresado mis sospechas acerca de la validez del discurso ontológico para trazar genealogías de la modernidad, quiero abordar ahora la comprensión que Agamben tiene del mundo contemporáneo. La conclusión que extraigo de todo esto es que podemos afirmar la monstruosa capacidad de producción de nuda vida de los anónimos poderes soberanos contemporáneos, junto con sus delegados territoriales. Sin duda, esta capacidad de producción actual de nuda vida resulta la más amplia que ha producido la historia humana, y se halla en precisa continuidad con las premisas de las que partieron los nazis, con su síntesis de biología y valoración económica de la vida. Cierto que no presenta aquella dimensión criminal masiva, dada la dialéctica de inclusión/exclusión característica del espacio del mercado, mucho más difuso que el espacio del campo de concentración y del Estado. Enseguida hablaremos de esto. Aquí solo quiero decir que esta capacidad de producción de nuda vida implica la mayor separación de la forma *homo sacer*, pues a pesar de que la nuda vida no sea sacrificable por el soberano, tampoco es *matable* por él. El problema al que pronto se enfrentarán estos poderes anónimos soberanos es sobre qué espacio mítico podrán organizar nuevos sacrificios que permitan llevar a la muerte a sus propios defensores. Ese será el problema del soberano futuro y para eso se prepara. No se trata tanto de aumentar la capacidad de decidir el estatuto de *homo sacer*, sino de recuperar la vieja legitimidad de los sacrificios de los miembros de la propia comunidad. Los excluidos seguirán entregados a su suerte y serán integrados según la lógica de la biología mediada por la economía, por completo separados del orden de las potencias míticas, lejos de las posibilidades del arcaico *homo sacer*. El problema real es que nada en nuestra situación actual permitirá detener estos fenómenos en caso de que fuerzas concertadas actualicen toda la gravedad de su potencia.

5. HOY: LOS CAMPOS

Este tipo de operaciones ideológicas masivas como la de los nazis solo son posibles allí donde se han formado poderes totales y Agamben inicia la parte tercera de *Homo sacer* justamente con este asunto. Desde el principio, considera los campos de concentración como la manifestación de la aspiración a «la dominación total del humano» (HSi 132). En ellos se experimenta el «dominio total». Con Arendt, se recuerda que este dominio total solo es posible allí donde se alza «un infierno construido por el ser humano». Al mismo tiempo, se afirma el tiempo del *oggi* cuando se habla de «una vida expuesta a una violencia sin precedentes, y sin embargo en las formas más profanas y banales» (HSi 126). Pero

Agamben lanza una crítica a Arendt que, en el fondo, es más bien un recuerdo de sus propias tesis en el libro sobre los orígenes del totalitarismo. Ese poder total es posible porque la vida ya se ha transformado en nuda vida. Eso es lo que hace posible el dominio total. «La transformación radical de la política en el espacio de la nuda vida», la emergencia de la biopolítica es la condición de posibilidad de esta «política totalitaria desconocida con anterioridad» (HSi 132). Esta afirmación es muy persuasiva y muestra cómo la organización anónima que unifica mercado, soberanía e ideología construye un imponente Leviatán que destruye los mundos de la vida, las formas del *bios*. Esta condición es la culminación del ser humano reducido a singular impotente, que solo puede ser completamente avasallado y destruido en caso de rebeldía o decisión. La clave es el carácter de *novum* de este fenómeno que, a pesar de ser anunciado en la obra de Hobbes, es perfeccionado en la medida en que la máquina del Leviatán ya no tiene que presentarse como animal, persona y dios.

Aunque el argumento viene a cuestionar que la arcaica institución del *homo sacer* esté en la base ontológica de la política moderna, esto es, que la política haya sido siempre política totalitaria, esto no es lo relevante ahora. Si recordamos, la clave del mundo del totalitarismo era para Arendt la desintegración de todos los elementos de vida tradicional, la reducción de *bios* a *zôe*. Esto significa que la vida desnuda supone la desaparición de todas las mediaciones míticas que entretejen la vida con su mundo. De este modo, el *novum* consiste en una relación del soberano con la vida únicamente a través de la dimensión técnico-científica y económica. De todas las dimensiones míticas de la vida, la última que se hizo caer fue la propia de la vida, que finalmente perdía su magia y pasaba a ser pensada solo sobre las categorías genéricas de la biología y como fuerza vinculada por naturaleza a la economía. Y eso es lo que abre el camino hacia una comprensión reducida pero total que recuerda la lógica de los campos. Pues al caer todas las estructuras míticas que protegían la vida, el poder reunificado ya no percibe obstáculos para intervenir y dominar en ella. Por eso el diagnóstico de Karl Löwith, que emerge en el contexto de la teoría de la neutralización de Schmitt, es discutible. La *totale Politisierung* es ciertamente la invasión por parte de la política de los ámbitos previamente declarados neutrales frente al Estado en el proceso de la modernidad. Fue un proceso de reocupación de lo previamente neutralizado y eso a partir de una guerra civil absoluta que encontró en la economía el campo de batalla encarnizado y total. La religión, la estética, la familia, la ciencia, el eros, la moral, todo lo que se había elevado para contener la guerra dentro de ciertos límites, se resignificó y se utilizó desde la guerra económica que dirigió la lucha de clases y sus formas reactivas.

Esa política total tuvo lugar porque el poder que mantenía la neutralidad de todas esas esferas —esos dioses que regresan de su tumba, de Weber, que se presentaban bajo su figura mítica— había desaparecido frente a la racionalidad científico-técnico-económica que ahora constituía el terreno de juego determinante. Podemos apreciar que esa lucha concentrada en la economía vino posibilitada por el triunfo sin precedentes del capitalismo y su capacidad de intervención en la totalidad de la vida del ser humano, ahora reducido a individuo. Pero la vida no había sido antes una esfera «privada». Se intervenía en ella desde el terreno común de todas esas esferas de acción social regidas por valores que heredaban las formas plásticas mitológicas. La intervención desde la supuesta ciencia y la técnica económicamente dirigidas, elevadas a único componente de la realidad, hizo que se pudiera intervenir en la vida de forma legítima si se estaba en condiciones de aducir algo que pudiera considerarse «científico», que fuera «técnicamente» viable y «económicamente» provechoso. Fue entonces cuando la vida biológica, *la nuda vida*, se elevó a la cuestión política decisiva. Este movimiento se inició en Hobbes al aplicar al ser humano la racionalidad científica que hacía de él un ser genérico dotado de resortes mecánicos como el miedo a la muerte. Esos intentos de definir al ser humano genérico desde la centralidad de la economía llegan a Marx. Por eso también desde el marxismo se pudo aplicar la técnica económicamente vinculada sin obstáculos. Eso es lo que sucedió tras 1917. Los intentos de Freud y de Weber de hacer del ser humano un ser singular, necesitado de interpretación y de comprensión en su acción social, con su forma de remitificar la vida en la época de la muerte del mito, fueron barridos. Así se llegó al triunfo del capitalismo sin premisas culturales que sirve de base a todo totalitarismo.

La forma desinhibida de esa *ratio* se hizo presente en los *Lager*, pero la tesis de Agamben, como la de Adorno, es que está latente y habita entre nosotros. Por eso la cuestión central de los campos determina la comprensión del proceso moderno. Agamben ha dinamizado toda la literatura sobre los campos y la ha dotado de relevancia filosófica. Ha contraído de este modo un gran mérito. El corpus general de *Homo sacer*, con su tercer volumen *Auschwitz*, es el firme testimonio de lo que digo e implica la incorporación a gran escala de la signatura Adorno en su dispositivo de pensamiento. Por eso Agamben ha conectado el problema de los campos con el problema de nuestras democracias liberales. Ambos son regímenes biopolíticos. Esta es una tesis básica de Agamben. Ambos están construidos sobre el saber genérico científico-técnico-económico, el dominio radical de la razón instrumental, que hace de los seres humanos realidades a administrar, no realidades a comprender. Por supuesto, cuando uno considera la noción de biopolítica de Foucault, reconoce que el neoliberalismo no construye campos, sino que, como sabemos, se define como producción de un sentido reducido de libertad canalizada por el mercado y orientada por la generalización de algo que se parece al principio de placer.

La cuestión es esta: ¿podemos relacionar de algún modo suficientemente significativo la cuestión de la biopolítica de los campos con la cuestión de la biopolítica de mercado del neoliberalismo? La respuesta se torna inquietante cuando nos preguntamos: ¿Qué impedirá que un Trump futuro generalice Guantánamo o que el FBI adopte los protocolos de tortura de la guerra contra el Terror? ¿Qué fuerzas o que racionalidad *del mercado* se levantarán contra esa opción? ¿Desde dónde se argumentará para resistirlo? ¿Qué razón podremos dar desde el esquema del pensamiento neoliberal para detener este rumbo? Esto es lo que significa que los campos viven latentes en nuestro presente. Toda la metafísica de Agamben de contener el paso de la potencia al acto, a pesar de su virtuosismo averroísta, tiene que ver con la generación de una última trinchera que contenga la activación de eso que está latente en nuestro presente, el paso al acto de lo que en el fondo nos subyace. Pues la razón que justifica la excepción de los campos para refugiados, para emigrantes, para terroristas, no alberga ningún principio interno capaz de contener su expansión a los que ya sean representados como nuda vida, esto es, a todos. Las resistencias personales, por inflexibles que sean, no logran trasladarse a resistencias sistémicas. Por eso el mínimo consentimiento de la tortura ya inicia la pedagogía de la costumbre que prepara la expansión de la práctica.

Por esas razones, Agamben dice que el paradigma de los campos es ya el propio de la biopolítica contemporánea. Nuestra sociedad neoliberal sería una metamorfosis, un travesti de la política de los campos (HSi 135). Una está diseñada para la explotación máxima de la energía biológica de la vida y para la producción técnica máximamente económica de la muerte; la otra para «el cuidado, el control y el goce de la nuda vida», sobre el juego de inclusión y exclusión. Pero estructuralmente, en uno y otro caso todo lo que se juega es un tratamiento científico-técnico-económico de la vida en el campo del mercado, el grado cero en la capacidad de envolver la vida en cualquier significado mítico y así generar formas de vida dignas de comprensión. Lo que ha cambiado en la metamorfosis, en el travestismo, es que resulta más útil a la construcción científico-técnico-económica de la vida la biopolítica neoliberal que la política de los campos. La elección está basada a su vez en una cuestión interna al paradigma neoliberal. Sirve más a la acumulación de capital que la explotación de la desnuda energía vital de los campos y administra la muerte con todavía mejor más economía que ellos. Pero ya todo es cuestión de la adopción de los mejores medios.

No hay ningún obstáculo conocido para que el soberano anónimo de la biopolítica neoliberal, tan pronto invoque la seguridad o el beneficio, se convierta a la política de campos. Pues, como sabemos, la construcción científico-técnico-económica no pone obstáculos a nada en su expansión. Facilita medios. Los fines se dan por supuestos y hablan de acumulación sobre la base de las técnicas productivas que han mostrado su eficacia. Lo que nos sugiere Agamben es que si ese soberano anónimo, en función de mantener esos fines, ve conveniente los campos como medio, estos volverán a surgir de entre el amable rostro del mercado, ese disfraz tras el que se oculta su potencia. El soberano volverá a apelar al estado de excepción y decidirá la extensión de la normalidad de la exclusión y producción de nuda vida. De este modo, como en los campos, la biopolítica puede transformarse en tanatopolítica. La tesis más profunda de Agamben entonces diría que si los campos son el paradigma oculto del espacio político de la modernidad, entonces el *telos* profundo de la modernidad es la producción de poderes totales. Esta es la sustancia de la tesis. Como es evidente esta tesis, que también es una advertencia, no se puede echar en saco roto.

Como vemos, lo más criticable en Agamben no es tanto la descripción premonitoria de esta ontología de la potencia propia del presente, cuanto el hecho de que ve en ella un destino histórico justo desde la propia lógica de la soberanía. Ese tic anarquista identifica la aspiración política moderna con *toda* política, y transforma la tesis anterior en esta otra: la aspiración de toda política es convertirse en un poder total. Por eso tiene necesidad argumental de ver los campos ya en la arcaica institución del *homo sacer*, algo que hemos rechazado, dada la naturaleza discutible de esa interpretación. Como hemos visto, hay un *novum* que tiene que ver con la ruina del mundo mítico como esquema de división de poderes. Con ello se pierde toda capacidad de resistencia al poder. De ahí que Weber, de forma consciente, planteara un politeísmo de corte mítico capaz de configurar formas colectivas de vida, no seres privados neutralizados sin capacidad de resistir a la organización. En suma, lo problemático de Agamben es que considera que este proceso ya estaba realizado desde siempre, en el seno de la ontología y de la signatura. Ese universo caído, que solo puede ser salvado por el mantenimiento de la potencia en tanto contemplación de sí misma, sin paso al acto, oculta una forma más de fatalismo. Esa comprensión no detendrá el paso al acto del totalitarismo que se esconde en el seno de nuestras sociedades. Poner la salvación en la contemplación de la potencia es una solución de efectos tan improbables como la venida del dios que Heidegger anunciaba. De esta manera, Agamben en cierto modo priva de significado el proceso histórico, con las luchas políticas, y asume el destino implícito inscrito en la ontología. En este sentido, olvida el sentido de la obra de Foucault que hablaba siempre de generar contrapoderes dispuestos a comprenderse como esquemas colectivos de resistencias. El mercado pasará a convertirse en campo de forma ineludible y tanto más si consideramos que cualquier forma de política no hará sino acelerar el proceso hacia la práctica totalitaria de los poderes vigentes.

Es verdad que, a partir de la tercera parte de *Homo sacer*, Agamben habla de un *novum*, y eso implica una consideración histórico-filosófica de la novedad. Sin embargo, reluctante a todo lo que tenga que ver con esta historia conceptual, rápidamente se deja llevar por la ontología y tiene que mostrar que en el fondo todo avance del Estado va en la dirección del Estado totalitario, que así deja de ser propiamente una novedad. La pretensión de que el *habeas corpus* ya es un paso más hacia la biopolítica porque menciona el *corpus*, le lleva a la tesis de que la ley necesita de un cuerpo, lo que es verdad; pero esto no tiene nada que ver con la nuda vida o con el *homo sacer*. El cuerpo forma parte de lo sacrificable, de lo que puede ser sometido al proceso ritual del juicio. Es cierto que el uso de la soberanía ha ido creciendo al compás que crecía su capacidad de sacrificar poblaciones. Pero esos sacrificios implicaban las complicidades míticas masivas de la religión, de la nación, de la clase o de la raza, por lo que esos sacrificios generaban mortandades que ofrecían buenas razones para su desmitificación y neutralización sucesiva, con sus reocupaciones. No se sacrificaba la nuda vida, que nada vale en los sacrificios, sino a los mismos defensores de esas mitificaciones colectivas o a sus enemigos ritualmente declarados. De ahí que Weber insistiera en mitos que alentaran las pequeñas comunidades desde un sublime psíquico compartido, lejos de los espacios sublimes públicos; mitos que no exigieran sacrificios, pero que fueran capaces de mover los hilos de la existencia en formas de vida.

Por supuesto, se podría describir la tendencia del Estado contemporáneo hacia la formación de poderes totales o formas de soberanía concentradas, y se puede afirmar que eso fomentó la potencia sacrificial en defensa de fines *superiores* como la nación, la clase o la raza. Pero el *novum* reside en que hoy la forma concentrada de la soberanía solo se canaliza, hacia fuera, por la potencia de la exclusión, que es el camino hacia la producción de la vida desnuda, mientras hacia dentro la inclusión se organiza desde la razón científico-técnico-económica, generando las formas de vida desnuda que llamamos vidas precarias. Lo más curioso es que lo que fue usado como *ratio* económica en el interior del campo de concentración, se usa en el ámbito de la vida cotidiana en el interior del espacio del mercado, mientras se produce nuda vida en el exterior mediante la exclusión. Lo que en el campo estaba unido, economía y muerte, hoy está separado, escindido, entre economía dentro y muerte fuera, y por eso no se aprecia bien. Lo que en el campo tenía lugar en el interior, hoy parece que tiene lugar en el exterior. Agamben llama la atención sobre el hecho de que quizá así no estemos observando bien lo que pasa en el interior, al inducirnos la creencia de que estamos protegidos de lo que pasa en el exterior. Pero esa diferencia puede estar dotada de una movilidad tan pronto el soberano altere la línea de sus disposiciones. El lector de Agamben no puede evitar la impresión de estar sometido a este tipo de poderes.

Agamben tiene razón al proponer que hoy tenemos algo diferente del paradigma sacrificial tradicional del Estado. Y tiene razón al proponer que en la exclusión y en la inclusión domina la misma representación de la nuda vida, aunque con diferentes consecuencias, que desde luego pueden ser desplazadas y reversibles. En el interior se atiende al principio de placer y en el exterior al principio de muerte. Por lo tanto, tiene razón al recordarnos que lo excluido puede volverse hacia el interior con furia y sin previo aviso. La única diferencia sería el movimiento de las líneas de exclusión/inclusión, pero ese movimiento está en el poder soberano. Sin embargo, proyectar sobre esas vidas desnudas, de dentro y de fuera, la categoría de *homo sacer* es una signatura indisciplinada, porque no podemos ignorar que el soberano anónimo no necesita matar, sino solo dejar morir de la forma económicamente menos costosa. Ni sacrificar ni matar, eso es lo que orienta al soberano anónimo neoliberal que deja vivir de tal manera que ya es dejar morir. No se orienta por la categoría de *homo sacer*. La nuda vida es vida separada de toda comprensión mítica, de toda necesidad de ser interpretada, de ser comprendida. A eso fue reducido el judío, el gitano, el portador de la raza inferior, que ahora se ve en el emigrante, en el refugiado, en el precariado. Como portadores de vidas inferiores, así pueden vernos en cualquier momento los que mueven los hilos del mundo. Los judíos fueron separados de su propio mito nacional. De esa manera, se extrajo de ellos toda la energía productiva y luego se les dejó morir. En el interior del mercado desaparece todo mito, se usa la energía productiva y luego se deja que la entropía vital haga sus efectos, produciendo esas formas de *musulmanes* que pueblan nuestras ciudades.

Por el contrario, los nazis constituyeron un poder total que todavía necesitaba un mito para matar y sacrificar. Agamben no tiene razón al rechazar la dimensión sacrificial para los asesinatos de los nazis, y la tiene todavía menos al negar el derecho del pueblo hebreo —cuya existencia no se puede separar del mito— de considerar míticamente a sus muertos como sacrificados por su pueblo (HSi 126). Puede que para Hitler los hebreos murieran como chinches, pero ni se puede ignorar que ahí hablaba el mito de la raza superior, ni se le puede dar la razón a Hitler en eso: los hebreos tienen el supremo derecho a no considerarse chinches. Los soviéticos todavía mantuvieron una dimensión sacrificial porque asumieron la ciencia del materialismo histórico como mito y Lenin como infalible profeta. Por eso, Agamben no tiene razón al separar el problema de la fisonomía de la biopolítica nazi del paradigma sacrificial. En este sentido, su crítica a Bataille es plenamente acertada, pero porque Bataille se movía de lleno en el paradigma sacrificial de Joseph De Maistre. Por eso fue adecuado el asombro de Benjamin cuando le espetó al grupo de *Acéphale*: *Vous travaillez pour le fascisme* [Trabajan ustedes para el fascismo] (HSi, 125). Esto era así porque ellos, al renovar la lógica sacrificial en un mundo sin mito, abrían el camino hacia el asesinato en masa que culminó en el fascismo. La insensibilidad y la irresponsabilidad de Bataille mientras avanzaba en una parodia de sacrificio, sabiendo que ya era una comedia, son asombrosas y permiten la pregunta de si no habrá desnortado al pensamiento francés contemporáneo. Sin embargo, Agamben tiene razón al defender que el presente se ha desprendido del paradigma sacrificial. Hoy son mercenarios los que mueren y matan. El hombre de la vida desnuda masacrable no recibe el prestigio del cuerpo sacrificial, pues se le deja morir agotando su nuda vida.

Como vemos, *il nostro tempo* constituye un *novum*, y cuando Agamben nos quiere convencer de que eso sucede porque hay poderes capaces de reducirnos a nuda vida biológica, le damos la razón, porque de esa nuda vida se nutren las abstracciones de la economía y de la ciencia, y las estrategias de la administración, que no dejan nada en pie capaz de impedir su despliegue totalitario. Ante esos poderes todos somos nuda vida y da lo mismo que se utilice para explotarnos hasta el último gramo de energía, o para excluirnos y exponernos a una muerte desolada en los márgenes del mercado. En un caso y en otro, todo lo que tenemos es nuda vida administrada, que ya no necesita ser interpretada. Agamben tiene razón al decir que estamos sometidos a poderes que tienen en su mano convertirnos en *nuda vita*. Pero esa nuda vida no es la vida del *homo sacer*. Tanto si nos incluyen como si nos excluyen, si estamos dentro o fuera, solo hay el soberano anónimo que gobierna el campo del mercado y sus fronteras. Los poderes que decretaban el estatuto del *homo sacer*, poderes propios de toda mitología política, o los delegados que hacían hablar al dios de la comunidad, no son los poderes que erosionan nuestra capacidad de comprensión hasta convertirnos en nuda vida, que en otro libro he caracterizado como los poderes teológico-políticos mundiales. Aquellos decretaban el estatuto de *homo sacer* de uno en uno. Estos de forma anónima y genérica. El *oggi*, *il nostro tempo*, es diferente justo por la carencia de mito fundador del totalitarismo. Por eso podemos caracterizar el presente como la puesta en acto cada vez más intenso de un totalitarismo sin mito, que justo por eso es más difícil de resistir. El internado en el campo no es el *homo sacer* libre y capaz de vérselas con el mundo lleno de mitos, aunque al margen de los ritos y sacrificios de la propia ciudad. La artificiosidad de la signatura, del paradigma y de la ontología ahí no funciona. Pero cuando Agamben describe el *oggi*, quizá su fuerza fenomenológica se impone a las carencias de los artificios especulativos. Entonces muestra la contraposición entre la realidad y el discurso de los derechos humanos de forma radical.

¿Qué es lo que une entonces el *Lager* con el espacio del mercado, al margen de la aparente benevolencia de atender al principio de placer entendido como libertad? Cuando llegamos al final del primer libro de *Homo sacer* lo vemos. Se trata del mismo dominio compacto de la facticidad, que en este caso significa el dominio genérico de la *zoê*. Es una pena que Agamben no haya utilizado aquí la signatura Deleuze para mostrar que él ha elevado el cántico más preclaro de la afirmación de la facticidad, con toda su productividad de diferencias. Lo que se ha jugado en el pensamiento del siglo XX es la cuestión de si es preciso permanecer en el Ser o ir más allá del Ser. La situación que describe Agamben es la de una época en la que toda *bios* se reduce a *zoê*, toda esencia se reduce a la existencia. Así se cumple «el enigma de la metafísica occidental» (HSi 210-211). La situación política se caracteriza por la situación epocal de la metafísica. Lo que muestra la entraña misma de la noción de facticidad es que no se puede separar de su conexión con el Ser como existente. La ontología no tiene herramientas para establecer ahí una fisura. Mientras estemos en este terreno no quedan argumentos para deslegitimar lo existente ni para contener ninguno de los movimientos que pueden realizar su potencia. Y entonces no estaremos a salvo de lo peor. La potencia del Ser en tanto existente no puede detener su actualización. La latencia del poder soberano anónimo que marca las exclusiones y las inclusiones no se podrá detener desde su propia facticidad. El ser humano solo contiene la marcha hacia lo peor por la fuerza mesiánica de la norma o por la norma de lo mesiánico. Primero fue la Ley, luego vinieron los humanos. Si se olvida la Ley, los humanos no pueden contener lo existente, la actualización de la potencia que el Ser alberga. Y esta siempre dice una cosa: omnipotencia. Esa situación epocal de la política y de la metafísica que se entrega a la compacta facticidad tiene para Agamben un nombre: capitalismo. Y esa facticidad es la que, para imponerse, no necesita apelar a mitos ni a sacrificios. Lo que necesita es generalizar la nuda vida como punto de partida de la ocupación de la vida por la técnica al servicio de la acumulación de capital.

Agamben, sin embargo, nos encamina hacia un problema adicional. La relación del ser humano con la norma es la fe y el capitalismo, como campo científico-técnico-económico, ha de reocupar el ámbito de la religión para desactivar el muro de contención de lo compacto existente que fue siempre la religión. Para que emerja algo ajeno a la facticidad ha de disponerse de una verdad. El campo del capitalismo es una religión sin verdad y sin mito. La norma no puede irrumpir en un mundo sin verdad. Para hacerlo inviable, el capitalismo se ha convertido en un mundo de simulacros y de espectáculo. Vamos a ver en el capítulo siguiente estas cuestiones por las que el capitalismo reocupa el espacio de la religión, de la verdad y de la creencia, para impedir que brote la norma. Configurar una verdad, una norma y una creencia fue la aspiración de la formación de hegemonía. El capitalismo, al reocupar esas instancias y destruirlas, se han convertido en una hegemonía sin hegemonía, sin mito. Por eso es tan difícil de contrarrestar mediante una alternativa. Eso no debería confundir a los defensores de ese diagnóstico tan extraño de que, en realidad, vivimos en una época poshegemónica. En realidad, vivimos en medio del *novum* de una forma inédita de hegemonía, vacía y anónima, pero eso no puede ser confundido con una situación poshegemónica.

4

LO IRREALIZABLE, LA JUSTICIA

1. CAPITALISMO COMO RELIGIÓN

La obra de Agamben, en cierto modo, integra el diagnóstico benjaminiano de que el capitalismo es una religión y eso explicaría la fijación extrema a su continua repetición. Como sabemos, esta tesis es una radicalización, y en cierto modo una superación, de la tesis de Max Weber. Este creía que el capitalismo era el resultado no querido de un espíritu religioso que hizo de la acumulación de riqueza no un interés humano entre otros, sino una obligación, un deber religiosamente fundado en su motivación básica de señal de salvación. La consecuencia fue la incorporación de una ascesis antihedonista que se negaba a disfrutar de los frutos materiales del trabajo. Esa renuncia era la demostración psíquica de que el motivo de la intensa actividad era de naturaleza religiosa. Con ello, el sujeto de la acumulación se decía a sí mismo que acumulaba riqueza no por su valor de uso para él, sino sencillamente para demostrar que su eficacia productiva era fruto de la gracia de los elegidos. Para seguir demostrando este carácter hasta el final de la vida, usaba el dinero ganado como medio de inversión, y de este modo se generó ascéticamente el circuito dinero-mercancía-dinero que asombró con su misterio a Marx. Weber dijo, sin embargo, que ya no existía el componente religioso de la acumulación como deber, sino sencillamente que la acumulación se había convertido en un destino impuesto por el propio aparato productivo en su desnuda objetividad coactiva. Solo si había capital, se mantenía activo el mecanismo capitalista. Así, el capitalismo se habría separado de sus propias premisas religiosas. Lejos de ser un camino para acreditar la salvación, se había convertido en una estructura coactiva que imponía severas obligaciones externas que afectaban a la totalidad de la vida social.

Benjamin negó esta conclusión weberiana. Analizando la relación del ser humano con el dinero, continuando la línea de Georg Simmel, objetó que esa relación podía identificarse como una nueva fe. Hacia el dinero, un objeto abstracto y en cierto modo inmaterial, se había desplazado el sentido de lo divino y de la salvación. Agamben acepta esta dimensión religiosa del capitalismo contemporáneo como un proceso ya consumado. En este sentido analizó la decisión de Nixon, que impuso el final del patrón oro el 15 de agosto de 1971, como el desanclaje del dinero respecto de la última realidad material. Fue una *sémeia ton kairón*, un signo de los tiempos. Todo esto se impone en su texto «Capitalismo como religión» que aparece en esa genealogía de la obra de arte que es *Creación y anarquía*[1]. Aquí, Agamben identificó el momento en el que el dinero pasó a ser una realidad cuyo valor era completamente autorreferencial. El billete atestigua en su texto sagrado que en el banco central hay billetes que atestiguan el valor que

---

1. Cf. G. Agamben, «Capitalismo come religione», en *Creazione e anarchia, l'opera nell'età della religione capitalistica*, Neri Pozza, Vicenza, 2017 [en adelante, CR y página].

el billete dice tener. Como en una escena del Fausto, ahora el dinero ya es puro papel. Sin embargo, la clave del argumento de Agamben es que la autorreferencialidad absoluta, el acreditarse a sí mismo del dinero, es la condición propia de Dios. Como Yahvé, el dinero proclama: «Soy el que soy». Como él dice: «Créeme porque yo te digo que soy la Verdad». Pero haciendo pie en Schumpeter, Agamben establece que «el análisis final de toda moneda es solo [ese] crédito». De ahí que la relación fundamental con el dinero en el capitalismo consumado sea la de aceptar a crédito un papel que se autoriza a sí mismo. Aceptar a quien dice «Yo soy el que soy», esa es la forma de la fe. Es más, se trata de una relación *sola fides*, fe sin otro objeto que el dinero, el propio objeto de la fe, que solo tiene valor porque es creído y lo es sobre la base de que él mismo afirma su verdad. El capitalismo reocupa así el cristianismo. Frente a Nietzsche, Benjamin concluyó que Dios no había muerto. Esta es la premisa de esta parte de la filosofía de Agamben.

Como vemos, la argumentación de Benjamin replicaba la de Weber. Si el puritano realiza un acto religioso cuando trabaja, Benjamin repite que el trabajo es el culto de esa religión capitalista en la que se celebra la adoración del dios del dinero. El resultado milagroso del culto del trabajo debe ser la producción del dios dinero y el culto funciona cuando se produce esta transustanciación por la que la acción humana produce al dios en el adecuado acto sacrificial, en la misa del proletariado. Sin embargo, para explicarse la necesidad de ese culto, Benjamin es más refinado. El punto en que aparentemente se invierte el argumento de Weber se halla aquí, cuando Benjamin dice que el culto capitalista del trabajo no genera redención sino una culpa que hace más necesario repetir el culto y el trabajo. En realidad, Benjamin no hace sino asumir la posición reformada: las obras no salvan, sino que solo producen más conciencia de culpa. El dios que crea la obra no es perfecto y reclama más obra. Separado ya de todo sentido de la gracia salvífica, el trabajo, como toda obra humana, produce culpa. Subrayando la tesis weberiana, Benjamin concluye que esa culpa, como el propio capitalismo, ha devenido universal. Aun sin disponer de la conciencia religiosa personal, el capitalismo extiende la consecuencia por el mundo, la conciencia culpable. Sometidos al ámbito capitalista del dinero, todos actuamos como si fuéramos culpables, como si debiéramos algo que se nos exige entregar. Pero dado que no sabemos cuál es el pecado, y que no tenemos sino el culto del trabajo que aumenta la culpa, no podemos contemplar una redención. El círculo de una obra que produce malestar, y que impulsa a nuevas actuaciones que solo intensifican el sufrimiento, parece la condena del mundo contemporáneo caído en el capitalismo. Esto es un comentario de la sentencia weberiana según la cual los puritanos quisieron ser hombres profesionales, pero nosotros estamos *condenados* a serlo. Esa es la consecuencia de nuestra culpa. Ahora bien, se trata de una culpa sin remisión, porque el culto y el rito la aumenta, generando un mundo desesperado. El nuestro. Ese fue el mundo que Nietzsche exigió que pudiéramos atravesar.

Agamben gusta mucho de condicionar sus argumentos por Benveniste. Pero en realidad son merodeos para asentar el uso de la signatura que siempre debe invocar *archai*. Solo desde un fenómeno originario se puede promover el despliegue de analogías. Así, dinero es el nuevo dios y los bancos la nueva iglesia, y la eliminación del patrón oro es la destrucción del becerro de oro mosaico en favor de ese nuevo monoteísmo de abstracciones. Todos estos desplazamientos son tan efectistas como triviales, y la filosofía de Agamben tiene mucho de ese espectáculo metafórico. Aunque Agamben habla aquí de parodia de la purificación de la fe, también el argumento tiene algo de paródico. Pero no debemos olvidar lo importante. Si interpreto bien el comentario de Agamben, podría entenderse así: contra un dios solo otro dios. Al dios que constituye la religión del capitalismo y sus fenómenos adláteres, como el Estado, ya rebajado a un aronte menor, solo se le puede oponer otro dios cuyo sentido todavía está por identificar, si ha de ser posible que se configure una ética y una política alternativas, y una forma de vida correspondiente. Pero, en todo caso, la exigencia de Agamben es dejar atrás a los filósofos que son de hecho los sacerdotes de este culto: a Nietzsche, a Freud, a Marx. Aunque Benjamin es genialmente críptico sobre la complicidad de estos autores con el capitalismo —por ejemplo, dice que el inconsciente de Freud es la huella psíquica del pago necesario de intereses por la deuda—, resulta claro que no han traído al mundo la liberación de esa culpa que el capitalismo extiende. Agamben no se entiende sin ese fracaso de la filosofía posnietzscheana.

El cierre religioso del capitalismo es perfecto para Agamben. Es la fe perfecta. No deja nada fuera de ella, pues ha reocupado lo que, en tanto fe, debía quedar fuera de lo existente. Con ello, la facticidad se torna absoluta, porque en la nueva fe no hace sino adorarse a sí misma. Por eso la época no tiene nada que esperar. La nada del dinero es la sustancia. Tenemos así el nihilismo completo. Sin duda, la limitación de Marx reside en la pretensión de ofrecer al culto del trabajo otro uso, de tal manera que no sirva al dios del dinero. Pero eso no es suficientemente radical. En realidad, si no es la manifestación de la culpa, uno no sabe por qué debe albergar un motivo para trabajar. Esa productividad que Marx alienta es todavía más extraña cuando ya no se tiene la fe en el dinero. Por eso a Agamben le parece que debemos entender a Marx de forma mucho más coherente, sobre todo cuando nos movemos en el nihilismo del capitalismo financiero, un capitalismo que con buena razón fue llamado ficticio por los capitalistas del siglo XIX.

Ahora debemos identificar el paso adicional de Agamben. Al reducir el oro a imagen (papel pintado que proclama la autorreferencialidad de prestar confianza en el propio papel porque el papel lo dice), lo que hizo Nixon fue cumplir la tesis de Guy Debord. Todo lo que tenga un valor será reducido a representación, a imagen. Esa es la clave de la cultura visual, de la sociedad del espectáculo. Así se culmina la tesis de Benjamin de que se ha destruido el sentido de la experiencia. El papel verde que sentencia que confiemos en él como dios porque él lo dice es el nuevo dogma. Como ha visto Robert Kurz, la sociedad del espectáculo trasladada a la economía funda la época del capital financiero, que no es sino la época del capital ficticio y de la experiencia ficticia[2]. La acumulación de valor solo se traduce en acumulación de imágenes virtuales de ceros y unos.

Los análisis de Agamben tienden a mostrar que la ruptura del dólar con el patrón oro tiene rango ontológico y esto significa que se generaliza al mundo social, rompiendo la relación de los signos con las cosas, el valor de cambio con el valor de uso. De este modo, afecta a la propia condición lingüística del ser humano, produciendo un conjunto de signos que no significan nada, que son puros significantes. De este modo, como recuerda en *La comunidad que viene*, el ser humano es expropiado del lenguaje como forma de vivir en una verdad.

---

2. Cf. «Die Himmelfahrt des Geldes»: *Krisis* 16/17 (1995).

Por supuesto, esta universalización de lo que sucede con la relación dólar/oro es convergente con la destrucción de la referencia que promueve la deconstrucción y, ya antes, con la tesis lacaniana de que la vida del significante se ha autonomizado en su circulación permanente sin capacidad de dotarse de significado, de transitividad, de referencia. Ya Lacan había hablado de la imposibilidad de la comunicación y había mostrado que dependía de la misma estructura de aquello que debía garantizarla, el lenguaje. El capitalismo así se dota de valencia ontológica. Ha consumado la separación de los humanos, ha producido el individualismo radical, justo por la circulación de aquello que los une, el dólar, que no es sino la fe de cada uno en el papel que se acredita a sí mismo. Y de la misma manera que lo único que sustituye al significado y la referencia es el goce privado que fija el significante a la estructura libidinal del sujeto y a su propia historia de castración, así lo único que asienta el circulante dólar en el psiquismo es el goce ritual del consumo, el momento en que se vive la fe en comunión con ese dios que el propio billete verde presenta. En un caso y otro, eso que llamamos fe no es sino un estricto proceso mental de goce sin trascendencia alguna. Por eso no redime.

La apariencia de que el valor de cambio del dólar permite el acceso a todo tipo de bienes con su valor de uso es negada con razón por Agamben. Con Benjamin y con Debord, lo que ahí sucede es de nuevo el trato con una alegoría fantasmática, la mercancía, que no tiene materialidad, sino imagen. El dólar no da sino acceso a imágenes de cosas ofrecidas por la publicidad, cuya idealidad aurática fetichista siempre queda mancillada en el consumo real, generando una insatisfacción inmanente. Por eso esas imágenes no producen goce, sino etapas de un deseo, detenciones de un deseo que jamás se realiza. Por eso el mercado es la postergación indefinida del goce mediante la continua proliferación de un mismo deseo que nunca se cumple. Es la institución perfecta e imposible que nunca da lo que promete y de ahí emerge la culpa que está en el fondo de la condena a buscar más dinero. El goce real solo se alcanza cuando se adora al dios por sí mismo, al margen de su transformación alegórica en mercancía, única posibilidad de que nos liberemos del deseo. En el capitalismo el dinero solo produce deseo, no goce ni los bienes que promete.

Aquí el virtuosismo conceptual de Agamben hace difícil dotar su pensamiento de un sentido unívoco. Cuando Agamben concluye su artículo «Capitalismo como religión» con frases como: «El médium que hace el intercambio posible no puede ser él mismo intercambiado: el dinero, que mide las mercancías, no puede él mismo llegar a ser mercancía», o: «El medio de comunicación no puede ser él mismo comunicado» (CR 127), está realizando un pliegue especulativo que solo es evidente si incorporamos la explicación dada. Para el análisis económico, el dinero es también una mercancía. Tiene un valor de cambio, puede comprarse, genera un mercado. Pero, en realidad, es el único objeto de deseo, el único que ocupa el psiquismo mediante el contenido de la fe, frente a las decepciones del consumo. Por supuesto, esto sugiere que el capitalismo es un sistema especulativo más refinado que la filosofía. Justo por esa dimensión especulativa, el dinero siempre está expuesto a la pérdida de su valor y, en este sentido, Agamben parece mucho más acertado cuando sugiere que, por su propia naturaleza, el dinero verifica la naturaleza apocalíptica que el cristianismo asoció con el mundo. Es verdad que, en tanto que su *telos* es producirse a sí mismo, el dinero es infinito, pero también que, en tanto que puede convertirse especulativamente en mercancía, puede perder su valor de prometer un goce como cumplimiento del deseo. Asume así formas de lo divino —crearse a sí mismo— y de lo mundano —perder apocalípticamente su valor—, y en este sentido Agamben señala con fuerza que tiene una relación parasitaria con el cristianismo. En cierto modo, el capital reproduce la pasión de Dios, su muerte y su resurrección, y esa es la clave de su perpetua crisis.

Lo que hay detrás de todo esto es que cuando alguien tacha el texto sagrado que en el billete exige fe en lo que él mismo acredita, cuando alguien niega su confianza a esa frase, entonces la coacción a creer vendrá impuesta por alguna violenta medida. Eso es lo que hace que las crisis del capitalismo se suelan manifestar en una guerra, cuya sustancia religiosa es la definición de una moneda triunfadora como aquella que distribuye el crédito y produce la fe. Esa es la verdadera amenaza apocalíptica que subyace a todo el proceso. La guerra de dioses-monedas muestra aquí que la capacidad de autoacreditarse solo la tiene el dios vencedor. Por eso, la crisis del capitalismo va por delante, como sabemos, de la declaración del estado de excepción. La necesidad de las crisis en el tiempo del capitalismo corresponde a la normalidad del estado de excepción de nuestra sociedad. Pero la diferencia con el argumento de Agamben es que esa declaración siempre prepara la guerra.

Lo que vincula ambas dimensiones no es otra cosa que la condición igualmente anárquica del poder y del capital, en el sentido especulativo de que siempre tiene que recomenzar de nuevo porque no tiene un sólido fundamento, un *arché* que le ofrezca un sólido principio. El nuevo dios es una incesante *causa sui*. Como dice Agamben: «La anarquía del capital coincide con su propia e incesante necesidad de innovación» (CR 129). La dimensión especulativa del Viernes Santo, que la filosofía hegeliana puso de relieve, se condensa en el capitalismo de forma ejemplar, continua, en tanto propia de un dios que no cesa de morir porque en el fondo nunca acaba de nacer.

Las intuiciones que aquí recoge Agamben proceden directamente de Walter Benjamin, pero están actualizadas por la genial penetración de Pasolini, uno de los estímulos más profundos del pensamiento de nuestro autor. Uno de los villanos de *Salò*, con una rotunda sentencia, establece que «la única anarquía verdadera es la anarquía del poder» (CR 129), frase que estructuralmente semeja a la de Benjamin de las *Tesis de filosofía de la historia*, según la cual «nada es tan anárquico como el orden burgués». Pero, de hecho, lo que domina aquí es la vieja estrategia de Carl Schmitt de llevar los conceptos básicos de la política y lo social a conceptos supremos de la divinidad, en una especie de inversión de la teología política. No es que la teología genere la conceptualidad de la política, sino que la economía ahora ilumina la conceptualidad de la teología. Por eso, como sabemos, Agamben va a oponer a la teología política una teología económica.

2. TEOLOGÍA ANÁRQUICA

Sin embargo, Agamben se atiene con fidelidad a la necesidad del gesto que busca el fenómeno originario. Que la economía actual nos ofrezca la plataforma epocal para comprender la teología nos lleva al argumento ontológico y genealógico que afirma que la economía fue desde siempre la previsión de la teología. Así que, ciertamente, teología y ontología llegan a ser las estructuras conceptuales originarias, mientras que la forma histórica de la economía las obedece. Y de la misma manera que en *Teología política II*, Schmitt hará una arqueología conceptual de la diferencia amigo/enemigo en la propia estasis interna a la divinidad, así Agamben hace depender la dimensión anárquica del poder de la propia estructura anárquica de la comprensión teológica de Dios. Para ello concretará la estasis de Schmitt, interna al Dios pretrinitario, que prefigura la diferencia entre amigo y enemigo, en aquella que opone Ser y Acción, perfilando de forma nítida la dimensión gnóstica última de su planteamiento, en herencia de Heidegger y de Benjamin, y afirmando una «energía bipolar» en el seno de Dios[3]. En efecto, esa separación implica que la acción no está fundada en el Ser y que por tanto es anárquica. Este abandono de Spinoza por Heidegger —en Spinoza no hay separación posible entre los atributos infinitos de Dios—, es muy relevante en la estructura profunda del pensamiento de Agamben y define el campo de su ontología. Una vez más, el concepto *arché/anarché* dicho de Dios o del poder es el mismo a lo largo de toda su historia y de ahí se deriva la centralidad de la economía. Con ello se abre la posibilidad de que, a la postre del proceso, el dinero devenga el dios de una Acción sin fundamento alguno en el Ser.

Y por eso, así como la Acción de Dios no tiene principio o fundamento en su Ser, sino en la Voluntad, así el poder, siempre parasitario de la divinidad, dependiendo siempre de la teología, tampoco tiene fundamento en el Ser. Pero cuando la teología cristiana primitiva asegura que Dios no tiene principio o *arché*, lo que está sugiriendo es que no puede ser confundido con la *physis* de los filósofos griegos —y por eso, cuando se tenga

---

3. Cf. M. Abbot, «Glory, Spectacle and Inoperativity: Agamben's Praxis of Theoria», en D. MacLoughlin, *Agamben and Radical Politics*, Edinburgh UP, Edimburgo, 2017, pp. 27-49, aquí p. 31.

que racionalizar al modo griego de las causas, dirá que es *causa sui*—, no que su actuación sea anárquica en el sentido de que dependa de su completa Voluntad y no de su Ser. Esto solo lo afirmará el siglo XIV con el nuevo sentido del voluntarismo de la omnipotencia divina, en esa época que estudió Heidegger al inicio de su carrera y que marcó la forma de su pensamiento. Este pensamiento será rechazado por el pensamiento judío tanto como por el pensamiento trinitario, cuya diferencia entre ambos se reduce meramente al estatuto del Logos y del Espíritu, si han de ser pensados como atributos o como personas. Agamben, sin embargo, considera que su análisis ontológico revela lo que es básico a los cambios históricos, sin reparar hasta qué punto se ve envuelto en abstracciones difíciles de vincular con la historia. Pues resulta claro que el proceso trinitario del Padre al Hijo —por no hablar del emanantismo judío— no es fruto de lo que podríamos llamar la Voluntad de Dios, sino consecuencia de la plena esencia de Dios que se replica de forma perfecta en el Hijo, que por eso determina que su Logos, su productividad, ya no pueda llamarse igualmente *an-arché*. La relación *ad intra* de Dios con el Hijo puede llamarse así, pero la relación *ad extra* del Logos con el mundo no. Por eso Agamben fuerza la trama de la analogía, o lo que él mismo llama la fuerza de la signatura, cuando dice que «la cristología funciona como el paradigma de la anarquía del capitalismo». Y como la acción del Logos es la economía, la *dispositio*, la providencia, Agamben concluye que también la economía es anarquía. Aquí la fuerza de la signatura camina en el vacío. Pues la *dispositio* cristiana con la que opera el Hijo procede del Ser de Dios, no de su mera Voluntad, y por eso su economía es más bien el fundamento de la *dispensatio* de salvación del instituto hierocrático de la Iglesia, el modelo de gobierno burocrático que, como supo ver bien Weber, constituye una forma de administración con jefe político.

Es curioso que en estas cuestiones trinitarias Agamben tenga que forzar las cosas para no dotar de relevancia la noción de «engendrado» del Hijo, y por eso tiene que invocar el sínodo de Serdica en el que se afirma que el Hijo es *anarchós*. La clave aquí es que *anarchós* funciona como un adjetivo, hace referencia a su reinado, e invoca más bien el sentido de *sin tiempo* de su reinado. La teología trinitaria jamás dirá que la *actuación del Logos* en el mundo sea *an-anarché*. Y de esto se trata en la analogía de Agamben, que solo olvidando la historia de estos conceptos puede decir que «capitalismo hereda, seculariza y lleva hasta el final el carácter anárquico de la cristología»[4] (RG 24). El fundamento de esta conclusión es la comprensión de que lo anárquico de Cristo consiste en que «la praxis y la economía no tienen fundamento en el Ser» (RG 25), lo que es manifiestamente discutible en el caso de la doctrina trinitaria, pues que el Hijo sea *an-arché*, como Dios, no impide que sea engendrado por el Padre y que su actuación respecto del mundo se rija por el Ser de Dios que habita en él. En ese Ser entra su amor, su entendimiento y su voluntad, y por eso la *dispensatio* de salvación que produce necesita de una institución que recoja también la estructura trinitaria en el mundo, lo que como sabemos constituye la teología eclesiástica que legitima el poder en modo alguno anárquico de la Iglesia.

Al proyectar a la teología trinitaria de Agustín la tesis de que ontología y praxis, Ser y Acción, están separados —la tesis fundamental sobre la que se levanta *El reino*

---

4. G. Agamben, *El reino y la gloria. Por una genealogía teológica de la economía y del gobierno*, Pre-Textos, Valencia, 2009 [en adelante, RG seguido de página].

y la gloria—, y proyectando la misma estructura al ser humano, Agamben está ontologizando las posiciones del nominalismo medieval como si fueran estructurales al cristianismo. Pero está haciendo algo más: está rechazando lo que llama la diferencia antropológica. Esta se basa realmente en el hecho de que entre el ser indeterminado de lo humano y su acción no hay conexión determinada. Al proyectar esta característica a Dios, Agamben naturaliza al ser humano plenamente. Así, esta reducción de la diferencia antropológica nos devuelve a una comprensión del ser humano completamente idéntica a la de cualquier otro animal, y por lo tanto a la necesidad de que el ser de su vida sea fuente de su acción vital. Su nuda vida es así ya su forma de vida. Su *zoê* es *bios*. Con ello se cierra el asunto de la completa animalidad de lo humano y se garantiza el final deseado de la historia. Lo que constituye la fuente del sufrimiento de la Tierra es que la nuda vida sea decretada desde el soberano, y que por tanto produzca inclusión y exclusión, diferencia. Pero que la nuda vida sea la forma que repudia todo decreto de exclusión y de inclusión y se exponga ya como forma de vida, eso justamente sería la emancipación. Pues al ser nuda vida sin exclusiones, al realizar la vida genérica de Marx, no se opondría a una forma de vida que desea protegerse violentamente mediante ese decreto del estado de excepción. Así, la emancipación puede abrirse camino mediante la eliminación de la presión de la teología sobre la antropología y el rechazo de sus consecuencias. Lo que queda en pie, al final, es Heidegger, una Acción que se funda en el Ser, en nuestro caso una *zôe* animal que ya es *bios*.

El presente se ilumina así mediante la historia de la metafísica y de la teología que lo determinan. Con ello se abren otras posibilidades mediante la identificación de ontologías alternativas. Lo que Heidegger llamaba «ontoteología» es así responsable del descarrío de lo humano. Con todo ello, Agamben está mostrando que el nivel ontológico de la teología cristiana es ampliamente determinante del presente y, sobre todo, de la religión capitalista. Por supuesto, aquí sus posiciones son contrarias a las de Blumenberg. Pues fueron los nominalistas de la teología absoluta los que reconocieron el poder y la acción anárquica del Dios omnipotente, que solo está pendiente de un objetivo de su Voluntad: mantener intacta la propia omnipotencia, desvinculándose de los mundos producidos y de su contingencia radical. Aquí, en efecto, su acción no depende de su Ser —frente al pensamiento judío que desde Hasdai Crescas hasta Spinoza asume que el Ser infinito de Dios produce una Acción infinita[5]—, sino de su Voluntad y, por tanto, se desarrolla de un modo completamente arbitrario respecto de sus creaturas. Con este Dios de los franciscanos voluntaristas romperá la Reforma, como he mostrado en mi *La revolución intelectual de Lutero*[6], que de este modo se indispone igualmente con el virtuosismo especulativo de la teología absoluta y restablece el sentido mítico y antropológico del cristianismo con un Dios que por su mismo Ser se vincula al ser humano desde su Acción de misericordia. Por supuesto, la teología absoluta de Duns Scoto ha sido rehabilitada por el absolutismo filosófico de Heidegger, y por eso Agamben tiene que mantenerse anclado en este modelo del cristianismo como el único que revela su dimensión ontológica y el único que ha determinado el curso de su acción históri-

---

5. H. Crescas, *Light of the Lord (Or Hashem)*, trad. e introd. de R. Weiss, Oxford UP, Oxford, 2018.
6. J. L. Villacañas, *Imperio, reforma y Modernidad*, vol. I: *La revolución intelectual de Lutero*, Guillermo Escolar, Madrid, 2017.

ca, estableciendo esa convergencia profunda entre teología y economía, entre acción y anarquía.

Por supuesto, al denunciar la estasis divina entre el Ser y la Acción, Agamben quiere superar una falsa comprensión de la filosofía y, con Heidegger, aspira a una nueva relación de la Acción con el Ser. En el esquema de pensamiento de Agamben, Heidegger debe conciliarse con sus grandes enemigos, Benjamin y Schmitt. En realidad, Heidegger daría la clave para mostrar cómo se ha llegado al dios del dinero de Benjamin, pero también daría la clave para elevar el verdadero *kathéchon* frente al poder omnímodo de la facticidad capitalista. Esa es la clave última del formidable dispositivo de Agamben. En el espacio que conforman los tres autores ha visto Agamben que se abre la fisura en la que es posible seguir pensando. En todo caso, la conclusión es muy clara: la Acción como economía al margen del Ser, ontológicamente fundada en el gran arquetipo cristiano de Occidente —un trinitarismo interpretado *sui generis*—, conduce inevitablemente a la economía y al capitalismo, que acaba reocupando con el dinero el espacio de la divinidad; pero la forma de reconectar el Ser con la Acción, lejos de producir un emanantismo infinitista al modo judío o de Giordano Bruno, debe conducir curiosamente a la potencia que se niega a la acción en tanto contemplación del Ser, en el sentido de la *Gelassenheit* de Heidegger. La relación de una acción conectada con el Ser lleva a la contemplación. Esta, como *kathéchon*, es la clave de bóveda de este dispositivo. Es como si la única forma de mantener juntos Ser y Acción fuese la actuación dirigida a no actuar, a reposar en el Ser como potencia, según el modelo del intelecto. La gloria verdadera sería la manifestación de ese poder basado en la potencia que se niega a la acción y que debe conducir a la neutralización de la teología política de Schmitt y de la teología económica del capitalismo. Entonces el ser de la nuda vida del ser humano podría verse como forma de vida que no tiene que ser activada, realizada, sino sencillamente vivida en su contemplación.

Por supuesto, de un modo que no ha desarrollado suficientemente Tarragoni[7], todo el planteamiento de Agamben depende de considerar que el destino de Occidente y su dominio mundial se juega no en los tiempos de la modernidad, como intentó mostrar el pensamiento históricamente anclado de Max Weber, sino en los tiempos de la construcción dogmática de la Iglesia que desdichadamente cristalizó en el trinitarismo, y más precisamente, en los tiempos en que esa construcción quedó definida por san Agustín. Eso es lo que se debería deconstruir. Lo que allí tuvo lugar fue una realización paradigmática de la que la modernidad en sentido preciso no fue sino una mímesis que se ha pretendido describir falsamente como secularización. Por eso no es de extrañar que cuando Tarragoni nos proponga un análisis de la modernidad política, lo haga equivaler a la antiquísima fundación del *homo sacer*. Al final todo se queda en Roma, el arcano de la teología política de Schmitt y el arcano de la teología económica capitalista de Benjamin, uno desde la institución del *homo sacer*, otro desde el trinitarismo de Agustín. El gesto sería parecido pero contrario al de Adorno y Horkheimer en *Dialéctica de la Ilustración*. El totalitarismo no estaría presente en el mito de Ulises. La modernidad, que efectivamente culmina en el voluntarismo y nominalismo de Hobbes, no hace sino sancionar la vieja estructura mítica del derecho romano y la escisión teológica entre

---

7. F. Tarragoni, «Vers une théorie politique de la modernité», en A. Ganjipour (dir.), *Monothéismes et politique: modernité, sécularisation, émancipation*, CNRS, París, 2022, pp. 221-249, aquí pp. 226-227.

Ser y Acción. Pero, al hacerlo, habilitó un dios mortal que abría el campo para la acción económica capitalista, la cual se levantaba sobre la protección de la nuda vida por parte del soberano. Así culminó lo que estaba latente en la teología antigua. La modernidad no es historicidad, sino ontología. De este modo, la historia no es sino el reconocimiento de la ontología y sus opciones básicas. Y por eso, cuando emerja la forma de vida comunitaria de las órdenes religiosas —asunto con el que Agamben puede liberar su franciscanismo básico sin inhibiciones—, su significado es el reconocimiento de una estructura de la ontología, la forma de vida basada en algo ajeno al valor de cambio que lleva al dinero, momento al que todavía nos referiremos. Aquella irrupción de la conciencia franciscana no será sino la portadora de un futuro en una historia que no necesita comprenderse como irreversibilidad.

3. MARX: LA ECONOMÍA COMO SECULARIZACIÓN CRISTOLÓGICA

Como podemos suponer, por debajo de todos estos planteamientos hay una clara filosofía de la historia. Pero para seguir nuestro argumento, ahora no podemos entregarnos a las complejas articulaciones de la arqueología de la anarquía económica en *El reino y la gloria* y su relación con la anarquía política. Remito al lector a otro trabajo mío a este respecto[8]. Baste recordar que la finalidad de este libro en cierto modo era mostrar la lógica del desplazamiento que Foucault había identificado en el tercer volumen de la *Historia de la sexuali-*

---

8. Cf. mi «Teologia economica. Analisi critica di una categoria»: *Filosofía politica* 27/3 (2013), pp. 409-430.

dad, cuando apreció el cambio de paradigma desde el soberano que da muerte al gobierno que da vida. Agamben ofreció la arqueología de la teología política y de la economía política en la categoría de *reino*, profundizando en lo que Foucault había mostrado como una dualidad. En todo caso, debemos mantener que la economía política es la Acción sin fundamento en el Ser o, en términos marxianos, que quedan dentro de esta propia evolución, la reducción del Ser a la praxis con la que se ha secularizado la cristología en el ser humano genérico[9]. Esta secularización ha llevado a la facticidad compacta de la historia. En cierto modo, podemos decir que, desde el punto de vista de la antropología, es la acción que se fundamenta en el afán de omnipotencia que quiere asegurar la vida justo por no estar fundada en el Ser. Ese narcisismo no es sino la mímesis de la divinidad del Hijo. No es ciertamente la manifestación de la vida animal viviente, de la nuda vida, sino de una ilusión que impulsa a la acción sin otro fundamento que la condición narcisista del humano.

En este epígrafe, sin embargo, estoy interesado más bien en mostrar cómo funciona el dispositivo de Agamben al relacionar sus posiciones sobre la economía con el problema del marxismo. La mirada de Agamben por lo tanto está también determinada por su incorporación de la signatura marxismo en su dispositivo. Sin embargo, como ha sido observado, Agamben no comparte con Althusser el abandono teórico de los *Manuscritos* de 1844. Por el contrario, los eleva a la clave de exégesis del marxismo. La tesis fundamental del texto es comprendida por Agamben en esta clave narcisista. La nece-

---

9. Algo que ha visto muy bien S. Castro Gómez en *La rebelión antropológica. El joven Marx y la izquierda hegeliana*, prólogo de J. L. Villacañas, Siglo XXI, Madrid, 2022.

sidad de objetivarse del ser humano, de verse reflejado, de carecer de ser, impone que su verdadera esencia sea la actividad concreta, sensible y viva por la que se autoobjetiva. Agamben resaltó que esta posición reproducía, en una clave claramente inspirada por Feuerbach, la teología cristiana que concebía al Hijo como acción separada del Ser. Por eso se podía decir que Marx seguía en la senda de la secularización al reocupar el lugar del Dios que constantemente crea y que solo por su constante creación sin Ser mantiene el mundo. La economía era así una secularización de la teología cristiana y no es de extrañar que culmine en ese fenómeno del capitalismo como religión. Pero, más básico todavía, se aprecia así la facilidad con que el propio marxismo se convirtió en una filosofía de la historia de la salvación mediada por la acción constante, que pronto fue pensada como la revolución permanente. A todas estas concepciones le subyace una compulsión a la acción que ya Weber describió en los puritanos. Ciertamente, a esa compulsión empujaba el dispositivo conceptual de la teología acumulado en milenios.

El punto de partida de estos planteamientos hay que buscarlo en la temprana obra de Agamben dedicada a *El hombre sin atributos*, la primera confirmación del vaciamiento del Ser y la reducción de lo humano a voluntad. Como se ve, la influencia aquí decisiva es la de Hannah Arendt. La posición de Arendt, que se observa en la correspondencia con Jaspers, estaba determinada por su punto de partida. Este consistió en elevar a primer plano filosófico la cuestión de la vida del Espíritu de tal manera que pudiera cristalizar en el espíritu del capitalismo de Weber. Desde esta cuestión se revelaban las diferencias entre la vida activa y la vida contemplativa, la específicamente humana. Esta operación tuvo importantes consecuencias. La primera fue la denuncia de la centralidad del trabajo en Marx, que habría hecho del *animal laborans* la expresión de la verdadera humanidad del ser humano[10]. La cuestión es muy compleja y pasa por comprender bien las diferencias entre la aproximación abstracta al trabajo de Feuerbach y la interpretación materialista de Marx.

No creo que Arendt entre en estas sutilezas, pero es evidente que Marx no redujo el animal humano a *animal laborans*. Al contrario, el ser humano es *laborans* en Marx porque es ante todo social. Es económico por ser social. Y trabaja para el intercambio en la medida en que la sociedad ha alcanzado una cierta complejidad técnica que hace necesario ese intercambio[11]. Por tanto, la comprensión marxista busca extraer las consecuencias políticas de esa dimensión social de la economía de intercambio y la necesidad de pensar el trabajo abstracto que lo posibilite, mientras que el liberalismo en general busca separar la vida económica de sus premisas sociales y en este sentido elevar a absoluta la esfera económica. La abstracción del liberalismo reside en hacer pie en el ser humano individual como si fuese el ser natural y de esta manera reconocer —la economía burguesa, ella sí—, que el trabajo es la expresión natural de sus músculos, de sus nervios, de su energía, de su lugar en la naturaleza. Marx llamaría la atención acerca de que el trabajo se deriva de su ser social, no de su ser natural. Cuando Marx hace del trabajo una actividad libre y consciente evoca su dimensión social, no su

---

10. Cf. H. Arendt, «Karl Marx and the Tradition of Western Political Thought»: *Social Research* 69 (2002), p. 285. Citado por J. Whyte, «Praxis and Production in Agamben and Marx», en D. MacLoughlin (ed.), *Agamben and Radical Politics*, cit., pp. 71-94, aquí p. 74.

11. Cf. para estos aspectos C. Ruiz Sanjuán, *Historia y sistema en Marx. Hacia una teoría crítica del capitalismo*, Siglo XXI, Madrid, 2019, pp. 105 ss.

dimensión naturalista. Por eso el ser humano produce en tanto ser genérico. Esto es así porque el ser humano solo socialmente es uno con su actividad vital. Su acción es derivada de su ser social. No es anárquica. Marx no es un naturalista y también está anclado en la diferencia antropológica. Por eso es difícil decir que el trabajo es el vínculo entre materia y ser humano, entre naturaleza e historia[12]. Trabajo es el vínculo entre seres humanos, el vínculo social. El origen y la naturaleza del ser humano es social y su vínculo es el trabajo, una acción basada en su ser. El ser genérico del ser humano es social. Esa es la clave del marxismo. Lo que produce al ser humano es la sociedad, no su propio acto productivo. El trabajo es uno de los vínculos que mantienen a la sociedad.

De este modo, Arendt aplica al trabajo una mirada que es la propia de la economía clásica burguesa, no la interna del propio Marx. En *El hombre sin atributos*, Agamben mantuvo ese error y lo cifró todo en la cuestión marxista de la producción de la propia naturaleza a través de la acción histórica. Esto solo podía ser entendido como un abandono de la animalidad, y comprendía la naturaleza humana como una pulsión de abandonar su vacío previo. Al atribuir esta perspectiva a Marx, lo culpó de caer en el horizonte de la metafísica de la voluntad. La praxis que brota de la voluntad es la fuente de realidad. Las complejidades del sentido del trabajo en Marx se desvanecen, así como su afirmación de su ser social. Agamben a veces las mantiene, a pesar de todo. Así, en *Infancia e historia* reconoce que la voluntad, la productividad, la historia son las formas en las que el ser esencial genérico de lo humano está integralmente presente, la manera en que el ser huma-

---

12. J. Whyte, «Praxis and Production in Agamben and Marx», cit., p. 74.

no produce su vida material. Agamben expone de forma adecuada que la acción del ser humano no es pura voluntad anárquica, sino que la acción sigue la condicionalidad de su ser, en este caso de su ser social. Por eso no es vida animal, sino trabajo. Aquí la vida humana no es separable de su forma social en su totalidad y concreción. Pero, otras veces, el trabajo es, sin embargo, expresión de una pretendida voluntad individual tal y como lo contemplan los autores burgueses y la propia Arendt. Esta dualidad de aproximaciones no es escandalosa, porque Marx, criticando la economía naturalista de los economistas clásicos, muchas veces acoge sus propios términos.

Esta dualidad nos muestra las dificultades de hacer entrar el pensamiento de Marx en las coacciones del dispositivo de la signatura teológico-económica de Agamben. Por eso, como ha mostrado Whyte, Agamben tiene que simplificar el pensamiento de Marx y dejarlo plenamente dependiente de Feuerbach. De ahí la relevancia de los *Manuscritos* de 1844, contra Althusser. En ambos el ser humano reocuparía la operatividad del Dios cristiano y su voluntarismo al reconocer que su omnipotencia no es otra cosa que la voluntad de su ilimitada imaginación, ajena al Ser. En una completa torsión, por tanto, Agamben hace de Marx una desnuda apuesta por la operatividad y hace de él un pensador de la teología económica y del gobierno, las formas secularizadas del Logos. Aquí también Arendt y Agamben estarían de acuerdo. El triunfo de la teología económica habría impuesto el abandono de la vida contemplativa y de la teología política, por muy diferente que ambos entiendan esta cuestión. Aquí la tesis de ambos coincide con el Carl Schmitt de los años veinte, que situaba la economía como el mayor peligro para el reconocimiento de la política. Los tres tendrían razón en el dispositivo: la elevación de la vida económica a absoluto —algo en lo que coincidiría Marx con los autores burgueses— implica la despolitización de la vida. Marx, al condicionar la política por la clase y las determinaciones económicas, entraría entre los denunciados.

Esta cuestión es de una complejidad extrema y constituye uno de los puntos en que el dispositivo se hace más preciso. Para Arendt esta transición capitalista estuvo posibilitada por la interpretación unilateral de la vida del espíritu como radicada en el singular, según el esquema weberiano, basado en los puritanos. Feuerbach no habría roto con esta orientación que venía de lejos, de la comprensión puritana del trabajo en tanto motivación religiosa que se asienta en el singular. La objeción fundamental que presenta Arendt a Weber es que su interpretación del espíritu es de tal naturaleza que solo puede abrir paso a la comprensión liberal del *animal laborans*. Pues al radicar el espíritu en la subjetividad, como motivación, fue necesario que la forma de acreditarse lo anclara en la vida del singular. Eso facilitó las cosas para dirigirlo hacia la dimensión de *Beruf*, o trabajo profesional como forma sublimada de voluntad y acción. Fue en este caso el espíritu de la ética protestante el que abrió el camino hacia la traducción de espíritu a trabajo, de libertad a economía. Esto permite entender el sentido en el que Agamben desplegará sus intuiciones. Para él, se debe restablecer la cuestión del espíritu al margen de la cuestión de la singularidad, de la ética, de la voluntad y del trabajo económico. En realidad, se acabará por separar el espíritu de la acción.

Por eso, Agamben tiene que asumir que los *Manuscritos* de 1844 son la expresión perfecta del pensamiento de Marx, en la medida en que todavía se pueden perseguir los rastros de la secularización de las categorías de la religión y de la teología. Contra lo que pudiera parecer, Agamben sigue aquí el pensamiento de Althusser solo que con una finalidad diferente. Pues en efecto, el pensador francés repudiaba los *Manuscritos* porque eran pura ideología basada en el modelo de la religión. En su escrito «The Humanism Controversy»[13], después de reconocer que es el síntoma fundamental para comprender el *impasse* teórico de Marx y de todos los marxistas posteriores, reconoce que el concepto de trabajo no es un concepto marxista y que todas las ideologías del trabajo, procedan de donde procedan, constituyen formas de un idealismo espiritualista que entierra sus raíces en la religión. Agamben aceptaría este punto de vista, solo que el problema no sería tanto este, sino explicar que esto sucede porque Marx depende de una teología trinitarista que atraviesa la cuestión del espíritu por la acción y la economía del Logos. Si el concepto de trabajo llevaba para Althusser a un bloqueo epistemológico, para Agamben conduce a la pista que muestra el bloqueo teológico de Marx. Sin embargo, la forma en que Marx habría superado ese bloqueo, mediante la noción de proceso de trabajo, o trabajo abstracto, para Agamben seguiría dependiendo del paradigma de la teología económica y no significaría una superación propiamente dicha. Los intentos marxianos de superar la economía naturalizada de los analistas burgueses, a través de su concepto de trabajo concreto dentro de una forma de sociedad, no le parecen relevantes. La retirada de la voluntad en este concepto maduro de trabajo, su carácter de una impersonal y anónima imposición, la dimensión de una compulsión a la dominación del ser humano, introduciéndolo en formas de trabajo indiferentes a su motivación, no alteró la mirada de Agam-

---

13. L. Althusser, *The Humanism Controversy and other Writings*, ed. de F. Macheron, Verso, Londres, 2003, pp. 265-289, aquí p. 258.

ben. Esto era así porque el imponente esquema de *El reino y la gloria* no dejaba espacio para el pensamiento de Marx. La clave de esta ausencia —Marx solo aparece en una nota (RG 105)— residía en que la aspiración de la emancipación respecto del capitalismo ya disponía de otras formas conceptuales, todas ellas procedentes del paradigma ontológico. Estas implicaban una noción de praxis diferente, capaz de reconciliarse con la contemplación. Ese sería el núcleo de una praxis que llevaría el trabajo inmaterial a su última y radical expresión capaz de trascender la forma trabajo.

4. GLORIA Y LITURGIA: LA IRRUPCIÓN DE LA ESCATOLOGÍA

Ahora debemos dirigirnos a las propuestas específicas de lo que Agamben llama el paradigma ontológico. De forma ciertamente elegante, defendió que, en el seno mismo de la estabilización de la teología trinitaria del reino, de la economía y del gobierno, Occidente introdujo el paradigma específicamente teológico-político de la gloria. Esta dimensión identificaba el lugar del Ser en el mundo más allá de la acción. La arqueología de esta categoría mostraba un uso eminentemente eclesial, como supo ver el Carl Schmitt de *Catolicismo romano*. En su plenitud, la presencia histórica de la gloria se concentra en el espíritu institucional que encarnaba la Iglesia católica, y no tanto en la forma de entender el poder profano.

Todo el juego de la gloria y del reino refleja la relación en el mundo de lo transcendente y de lo inmanente, de la inoperatividad y de la operatividad, de la política y de la economía, del pueblo y del gobierno. A este juego dedicaron Peterson y posteriormente Kantorowicz obras inolvidables. Apoyándose en ellas y desplegando esta dualidad, Agamben avanza en una operación muy compleja que, en mi opinión, implica toda una teología eclesiástica. Para entender la operación en su complejidad, debemos recordar que la soberanía produce una potencial declaración de nuda vida sobre el ser humano. Esta de *nuda vida* es la noción básica del material humano que sirve al desarrollo ulterior del dispositivo filosófico de Agamben. Podemos caracterizar esa masa informe de *homines sacri* que ya potencialmente somos bajo la forma de la *multitud*. Sobre ella deberemos proyectar al final el paradigma ontológico capaz de reunificar Ser y Acción. Se trataría de una Acción que asumiera el Ser de la nuda vida, que fuera su expresión. Y, sin embargo, que no reprodujera el juego de la inclusión y exclusión, de trascendencia y de inmanencia, de la gloria y el reino, sino que se mantuviera en el plano de la inmanencia completa, la única que el pensamiento de Agamben desea reconocer. Ese es el plano en el que el Ser y la Acción deben por fin reunificarse.

Por supuesto, como ha recordado Daniel McLoughlin[14], en esta denuncia de la acción, del trabajo, de la operatividad separados del Ser, Agamben se sitúa en el ámbito teórico que ha marcado la corriente posfordista del análisis del capitalismo neoliberal. Lo característico de su propuesta, en este sentido, me parece que culmina el proyecto de pensamiento católico-político de Schmitt de una forma muy peculiar, reconciliándolo por fin con el pensamiento de Peterson y recogiendo las conclusiones del trabajo de Jan Assmann. Agamben puede hacer todo esto, como veremos, porque está en condiciones de reconducir el sentido de la gloria del

---

14. D. McLoughlin, «Liturgical Labour: Agamben on the Post-Fordist Spectacle», en Íd. (ed.), *Agamben and Radical Politics*, cit., pp. 90 ss.

catolicismo a la forma política de la vieja unidad imperial romana, en ese esfuerzo por localizar en Roma el origen ontológico de la modernidad. En efecto, los conceptos políticos no son solo secularizaciones de los conceptos teológicos, sino que estos son también y a su vez sacralizaciones de conceptos políticos previos del Imperio romano. La clave de esta reversibilidad reside en que la verdadera teología política fue la imperial, como he pretendido mostrar en mi propio análisis de *Teología política imperial*[15]. Como muestra con claridad *El reino y la gloria*, recogiendo las conclusiones de Peterson en su obra *Heis Theos*, que no pueden olvidar las investigaciones de Adolf von Harnack y las viejas representaciones militares del cristianismo primitivo, el uso de la gloria por parte de la Iglesia católica pretrinitaria no es sino la mímesis de la forma en que ciertamente se entendía la gloria de la «*ekklêsia* profana» (RG 192). En realidad, como defendí en mi libro recién citado, las representaciones de la cristología desde el libro del Apocalipsis vivieron de las representaciones imperiales y por eso el libro tuvo dificultades para aceptarse en el canon. La teología política de la gloria es así la forma perenne e imperial de abrirse paso una religión política, ya sea del papado ya sea del imperio, ya en el pasado ya en el presente, donde Agamben acaba descubriendo la religión política de una humanidad universalmente declarada nuda vida; por tanto, no a través del *etnós*, sino a través de la universalidad genérica de la animalidad humana.

No se entenderá bien a Agamben si no se pone siempre en el escenario último de su pensamiento a la figura

---

15. J. L. Villacañas, *Teología política imperial y comunidad de salvación cristiana. Una genealogía de la división de poderes*, Trotta, Madrid, 2016.

central de Dante. En este sentido, no conviene ver en todo este análisis de la gloria una reafirmación de la forma eclesial. Por el contrario, se trata de descubrir siempre la línea de los gibelinos como Marsilio de Padua y su noción de *multitudo* como base humana de la ordenación de la inmanencia que resulta de la trascendencia de la gloria. Sin embargo, esta propuesta de la gloria y de su forma específica de actuar en el mundo sin operatividad propia, solo como brillo de su ser, tiene profundas implicaciones teológicas y metafísicas. Ahí está escindido todo el paradigma ontológico como afirmación de la diferencia entre Ser y entes, ahora entendida como Ser y agentes. Es la escisión vista desde el ángulo de la inoperatividad que ahora se concreta en la aclamación. Por eso es discutible que desde esta comprensión teórica de la dualidad entre Ser y Acción se implique ya también su reconciliación, de tal manera que se pueda hablar de una acción —economía y gobierno— que respete el Ser, la necesidad ontológica —bajo la institución que vive del brillo de su gloria—.

Con la gloria tenemos elementos que el reino y el gobierno no nos permiten apreciar, pero en todo caso sigue siendo una dimensión unilateral. Lo que necesitamos es una inoperatividad que al mismo tiempo sea operatividad. Solo entonces se mantendrán reunidos el Ser y la Acción, la gloria y el reino en el ámbito de la plena inmanencia. Esa unidad implica ciertamente una nueva economía, como veremos. Por supuesto, la gloria impone una representación de Dios que no se reduce a una incesante operatividad, sino que se asienta en el Ser. Es necesario que eso implique la reducción del concepto de Dios como creador, en una radicalización del averroísmo. Pero lo importante reside en que no se haga necesaria una apelación a un dios salvador ajeno a la inmanencia. Y esto implica una reconciliación con la acción salvífica en la medida en que brote del Ser. Solo eso acabaría con el trinitarismo —otra aspiración gibelina y dantiana— y llevaría a una reconciliación del reino y la gloria, al desmontaje de todas las categorías sobre las que se ha fundado la tradición curial eclesial de la administración, del gobierno y de la burocracia sagrada. Por supuesto, en esa unidad se debe acoger una nueva economía que ofrezca un nuevo sentido del reino.

En todo caso, todo esto implica una decisión sobre Aristóteles. Pues tampoco la *noesis noeseos* del intelecto divino es creadora, por mucho que mantenga el mundo en la medida en que el mundo la ame. El amor contemplativo de las criaturas no depende de haber sido creadas, sino de ser intelectos. Que el ser humano sea nuda vida no le impide ser vida intelectiva. Más bien es a lo que obliga su ser. En todo caso, el orden interno del ser de las cosas, según su propia naturaleza, se dirige al bien externo. En el caso del ser humano, mediante un vínculo intelectivo de su ser vivo respecto al Ser. Esta es la cuestión aquí. El ser de las criaturas no dependería de ser creadas y mantenidas por el gobierno mediante una acción económica constante, una economía providencial, ni impondría esa insatisfacción con su ser que produce el resorte vacío de la voluntad, el deseo y sus exigencias activas. Este sería el sentido de la diferencia entre el averroísmo y el tomismo, que Agamben aborda en *El reino y la gloria* (RG 99ss.). Averroes habría visto que ya en Aristóteles habría una «inactividad constitutiva de la humanidad» (RG 266) y esta residiría en la potencia del intelecto. Lo que Agamben llama «el perfecto edificio teocéntrico de la teología medieval» (RG 101) es un círculo en el que el orden trascendente produce orden inmanente cuyo sentido no es sino la relación especular con el orden trascendente. El Dios cristiano sería este círculo, dice Agamben, por el que orden interno y orden externo, primer motor y orden del mundo se funden. Si se separa el motor, caemos en la gnosis; si se vincula demasiado al mundo, tenemos el panteísmo. De este modo vemos que la herencia fundamental de Aristóteles es la posibilidad de una ruptura entre la trascendencia y la inmanencia. La dualidad entre teología política de la gloria y la teología económica del gobierno fue el intento de mantener esa unidad y el Trinitarismo solo se explica realmente por esa herencia (RG 71). En realidad, el dispositivo trinitario no hace sino ofrecernos un *Noûs* creador que como Logos providencial y gubernativo media entre la lejana *noesis noeseos* y el mundo.

Sin embargo, fue un intento fallido, porque el Padre, el Ser, quedó olvidado a favor del Logos activo, cuya forma antropomórfica permitió todas las secularizaciones siguientes. Agamben impulsa un renovado intento de mantener juntos Ser y Acción, pero de un modo averroísta, más cercano a una forma de leer Aristóteles y a los griegos que a su recepción cristiana. Desde este punto de vista, el pensamiento de Agamben resulta significativo desde el pensamiento de Hans Blumenberg. Podemos caracterizarlo como un intento de hacer reversible la condena cristiana de Averroes que llevó al voluntarismo nominalista medieval y a la solución secularizada de la modernidad mediante el voluntarismo antropológico de la autoafirmación que persigue el modelo de la omnipotencia de Dios y su voluntarismo. Pues, en verdad, la autoafirmación es también la acción separada del Ser. Agamben obedecería ahí a Heidegger y con él vería la superación de nuestras desdichas en la reposición de los griegos, por mucho que aquí la mediación sea Averroes. Frente al paradigma económico, con él apuntaría la posibilidad de un triunfo del paradigma ontológico (RG 70). Pues los antiguos no necesitaban presuponer una especial voluntad creadora, sino que esta era algo que se derivaba del Ser. La *physis*, como el Dios de Averroes o el de Bruno, actúa por necesidad, como expresión de su Ser. ¿Pero cómo podemos conectar este Ser con la gloria? ¿Y cómo esta gloria puede ser política? ¿Y cómo puede forjar una nueva economía, un reino, no providencial? ¿Y cómo se relacionará con la *multitudo* de los *homines sacri* que ya somos todos?

Estas preguntas nos permiten avanzar hacia la conclusión de este libro. Hemos dado suficientes argumentos para identificar el paradigma de la teología económica como lo propio del reino, el ámbito del gobierno, de la economía. Hemos visto como esto nos lleva directamente al proceso de secularización, que tiende a destruir todo contacto con el Ser. Agamben acepta la consecuencia de un mundo plenamente inmanente, pero muestra que esto no se consigue mediante el voluntarismo que siempre implica una trascendencia, algo que suture el vacío que genera la voluntad y el deseo. Solo la quiebra del voluntarismo reconoce la plenitud de la inmanencia. Esa inmanencia plena es la que se recoge en el concepto de Ser. Lo que buscamos es la gloria del Ser, la manera en que el desnudo Ser se presenta en la inmanencia como tal. Pero esto requiere un ámbito, la apertura de un espacio que haga posible ese brillo. Schmitt ya recordó la afinidad de *Raum* y Roma, la portadora de la gloria. Pues bien, la apertura de ese espacio es la clave. Agamben ha escrito una página magnífica sobre el paisaje, que va más allá de los análisis subjetivistas de Georg Simmel. El paisaje, dice en *Creazione e anarchia*, es la manera en que el Ser brilla como casa. «Es la casa del ser»[16] (CeA 87).

---

16. G. Agamben, *Creazione e anarchia. L'opera nell'età della religione capitalista*, cit. [en adelante, CeA seguido de página].

Frente a esta gloria del Ser en el paisaje, la producción de espacio para que brille la inoperatividad divina ha generado la configuración de la liturgia. Agamben vincula con fuerza gloria y liturgia y reconoce, como consecuencia de la obra de Peterson, Adolfi y Kantorowicz, que la liturgia que usó la Iglesia deriva de las «aclamaciones de las ceremonias imperiales» (RG 244). La forma en que brilla el Dios en la Iglesia deriva de la forma en que brilla el emperador. La liturgia desde este punto de vista implica un rito en el que brilla la gloria. Sin embargo, a diferencia del paisaje, la liturgia es el primado de la glorificación sobre la gloria. Pero esto nos lleva por complejos caminos a considerar el rito como proceso que afecta al ser del dios. La conclusión de Agamben es que, en último extremo, la liturgia con sus elementos sacrificiales produce el ser del dios. Con esto vemos cómo la liturgia no puede ser invocada como procediendo del Ser. El ser humano es el «creador del creador» (RG 248), la fuente de la gloria y de su restauración. Por supuesto, allí donde ponemos a Dios, tras él, se alza el poder de los humanos en sus ritos. Así que solo una gloria que no implique el poder de los seres humanos sería efectivamente la gloria del Ser. Esa gloria sería la única que no fundaría una teología política. La razón es que las aclamaciones litúrgicas no son «un ornamento del poder político, sino que lo fundan y justifican», de la misma manera que fundaban el ser del dios cuando se ordenaban en ritos sacrificiales (RG 250). Agamben dice que la gloria mantiene reunidas «el ser de Dios y su praxis». Pero esto solo es evidente porque la liturgia es el rito constituyente por el que los humanos fundan el dios o el poder. Al final, Agamben dice: «La relación especial que vincula la gloria a la inacción es uno de los temas recurrentes de la economía política que hemos tratado de reconstruir»

(RG 258). Y es verdad. La aspiración de Agamben, sin embargo, pasa por separar ese elemento de la gloria respecto de la acción para elevarlo a paradigma de la inoperatividad, frente a la frenética actividad del reino.

Sin embargo, en un giro argumental característico, Agamben extrae, de ese momento eclesiástico que piensa la gloria, un elemento que desea capturar para lo que hemos llamado gloria del Ser. Con ello se dirige al territorio de la escatología y se adentra en las representaciones mesiánicas. Se trata de esa específica gloria que es la «condición subsiguiente al Juicio final». Solo ahí emerge el fin último del ser humano. Entonces también llegamos a ese momento en que todo «coincide con la cesación de toda actividad y toda obra». Eso es lo que queda cuando la máquina de la economía ya se ha cumplido. Entonces entramos en el paraíso, donde, en efecto, siguen activos los himnos de gloria, como recuerda Agamben. En suma, «la gloria ocupa el lugar de la quietud posterior al Juicio. Es el amén eterno en que se resuelven cualquier obra y cualquier palabra divina» (RG 259). Así, Agamben ha despertado la cuestión del sabatismo como la gloria escatológica con la que concluye el tiempo atormentado del reino de la economía. Su aspiración es relacionar estas representaciones escatológicas con el final del capitalismo posfordista y la emergencia de una nueva economía. La relación entre majestad e inacción vendría representada por ese trono vacío (RG 262), y así se convierte en el símbolo de la gloria que buscaba la tradición que deseaba eliminar la figura del papado. Ahí vendría revelado en medio del mundo el misterio último de la divinidad. En este punto, decir amén a este símbolo del ser de Dios sin obra, sin voluntad y sin representante, sería para el ser humano recuperar su propio ser en la medida en que es «por excelencia un animal sabático» (RG 265). Ser, inoperatividad, gloria, se darían así cita en la radical inmanencia. Pero si ese estado ha de caracterizar el mundo, y no la escatología, o si ha de permitir habitar el mundo como en la escatología, una nueva economía debe sustituir el activismo operario del reino.

Demasiado claro vemos aquí que entonces el ser humano gozaría de una *vita vera*, de esa vida libre de cuidados que predicó Cristo y que así se elevaría a «la especial cualidad de la vida en el tiempo mesiánico» (RG 267). Curiosamente, sería la «revocación de todo *bios* para abrirlo a la vida *zoê thou Iesou*» (RG 268). Tenemos aquí la posibilidad de emancipación para todo el género humano que ya ha sido declarado nuda vida por el capital soberano anónimo. Los análisis de *El tiempo que resta*[17] son aquí plenamente significativos, lo que nos dice que el horizonte emancipador de Agamben está orientado por una reflexión sobre el cristianismo pretrinitario, sobre el que Overbeck configuró una escatología irreconciliable con la definición de los dispositivos de poder eclesiásticos. Esos complejos análisis de *El tiempo que resta* adquieren significado cuando se identifica en ellos la expresión de una vida que ya ha sido declarada nuda vida y a pesar de ello se puede convertir en *vita vera*. La condición de posibilidad de que llegue ese tiempo mesiánico reside así justamente en este presente, el nuestro, en el que la humanidad ya ha recibido el estatuto de nuda vida por parte del decreto del soberano anónimo del capitalismo, en ese presente posfordista en el que la ciudadanía de los países avanzados puede soñar con dejar de ser el *animal laborans* que denunció Arendt.

Convertir esa nuda vida en *vita vera* está al alcance de la mano. No tenemos que hacer nada especial. En ese

---

17. G. Agamben, *El tiempo que resta*, Trotta, Madrid, 2008.

ser humano que ya no trabaja, que tampoco conoce ya una diferencia por el modo de vida, que ha sido homogeneizado por su integración en el mercado, que dispone de una vida cualquiera, se puede dar la única acción que verdaderamente respeta el Ser, la afirmación, la aquiescencia, el amén interior fruto de la contemplación de ese mismo Ser, como si estuviéramos tras un juicio final sin Dios trinitario. Spinoza, el verdadero heredero de Averroes, es invocado aquí. Pero, a diferencia de Spinoza, no se trata de que aumente el *conatus*, salvo que se entienda que eso es la misma cosa que el aumento de potencia sin paso al acto. En tanto que deja de actuar, solo se concentra en la potencia de hacerlo, en su posibilidad. Esta fue desde Aristóteles la esencia del intelecto. Por mucho que pase al acto, siempre aumenta de esta forma su potencia. Pero como la gloria era el final del proceso productivo de la liturgia, el final del reino y de la administración, el momento escatológico en tanto aclamación del Ser, Agamben se siente autorizado a caracterizar esta actividad como política. Antes de disponer de una economía alternativa, se requiere de una política propia del tiempo mesiánico en la que las multitudes de cualesquiera se mantienen inoperantes aclamando el Ser, diciendo amén a sus vidas desnudas.

La pregunta entonces es esta: «¿Qué puede ser una política no del gobierno, sino de la liturgia; no de la acción, sino del himno; no del poder, sino de la gloria?» (RG 185). La aspiración de Agamben pasa por autonomizar esta dimensión litúrgica, identificar estos elementos ceremoniales, protocolares, que conforman una arqueología de la gloria, para aplicarlos al presente tanto desde una perspectiva crítica como emancipadora. Para ello se centra en el papel de las aclamaciones imperiales que tenían una funcionalidad equivalente a la de la epifanía de un dios, y más concretamente de Dionisos en los cultos mistéricos. Por eso formaron parte de la presentación del emperador al pueblo y, desde luego, del ritual por el que los papas eran introducidos en su reinado. En ambos casos formaban parte de un rito de *deificatio* por el que se reconoce la función salvífica de una instancia temporal. No podemos ignorar que el dios que puede salvarnos de Heidegger, en todo caso, se ha de presentar en una epifanía y, si ha de hacerlo, entonces la dimensión de la aclamación le sería necesaria. La teología política imperial, que heredaría el papado, sería en este momento la síntesis perfecta que reunifica la dimensión jurídica y religiosa, el derecho y la liturgia ritual. Por eso la teología política imperial repite la forma pagana de una religión política, excepto en el sentido de que su *ekklesia* profana se ha desprendido de la dimensión étnica de la comunidad. Ahora, en una anticipación utópica casi extática, acogería bajo la misma forma al género humano.

Este es uno de los más notables paralogismos del dispositivo de Agamben y como siempre usa a Schmitt de puente. Pues fue Schmitt el primero que ensayó una interpretación plebiscitaria de esa aclamación. En realidad, la cosa venía de antes, del propio Mommsen, que había hecho del Imperio romano un cesarismo plebiscitario democrático que podía servir de modelo al Segundo Reich alemán. Schmitt, en la misma línea, utilizó estos elementos para culminar su esfuerzo de restaurar la forma monárquica como premisa y crear el ambiente adecuado para reponer a un káiser. Así que vio la aclamación como la forma del referéndum y recordó su papel jurídico trascendental, por lo que lo elevó a actuación constituyente del pueblo y a forma central de la política democrática. Siguiendo con este esquema, Schmitt dijo que la forma del plebiscito en los regímenes de la democracia liberal era la opinión pública. En realidad, elevó ontológicamente estas formas a «fenómeno eterno de toda comunidad política» (RG 190). No hemos de olvidar, para valorar esta pretensión, que la función del pueblo aquí es decir amén. Ese es el pueblo en el sentido de *laos*, el pueblo laico, respecto de los *clercs* que dirigen el ritual litúrgico glorioso. Ese *laos*, y el guiño es para Negri, es la multitud (*ochlos*) en cuanto reunida en una liturgia en la que ejerce su derecho de decir amén.

Por supuesto, Agamben no desea rehabilitar estas formas políticas. Él no ignora la tesis de Kantorowicz que trazó la continuidad entre el concepto de gloria y las aclamaciones entregadas a Hitler. Eso ya lo había previsto Carl Schmitt en *Catolicismo romano*. Agamben parece indisponerse con este uso, incluso en sus formas más asépticas, cuando dice que «fundar en la gloria la única dimensión política legítima de la cristiandad, confina de manera peligrosa con la liturgia totalitaria» (RG 211). Es evidente que de este modo no se podía evitar una «teología política cristiana», pues así se incorporaba el cristianismo a la teología política imperial. Por supuesto, la pretensión de Schmitt no puede embellecer el hecho de que, para Agamben, la democracia es precisamente una forma de autoalienación del pueblo, convertido en mero observador pasivo del rito que aclama. La clave es sin embargo que la gloria es decisiva para relacionar política y teología. Y eso, en el presente, solo puede significar la forma de unificar el dios de la religión del capitalismo con la política, cuando poder espiritual y poder profano coinciden. Eso hace del mercado y de la publicidad la gloria del dios capitalista y su forma de aclamación política. Justo por eso he podido hablar del neoliberalismo como teología política en uno de mis trabajos. El hilo conductor de este desplazamiento pasa por considerar el aspecto de la publicidad como sustancial de toda liturgia. La liturgia del dios capitalista, el momento en que se produce la aclamación de su soberano anónimo, tiene lugar en esa forma de aclamación plebiscitaria que es el espectáculo social y, sobre todo, la publicidad del mercado. Ahí tiene lugar la glorificación del dios anónimo y su difusión. Ahí se deja a la criatura, en tanto consumidor, la función glorificadora en el sentido fuerte de creadora del dios del dinero, de actor de su acumulación de capital. El mercado como el lugar ritual del amén litúrgico al reino económico mundial.

La gloria, no hay que olvidarlo, era parte del reino. Y el reino era el campo de la economía. Por tanto, ontológicamente estaban condenadas a reunificarse (RG 230). Eso es lo que sucede cuando se generaliza la sociedad del espectáculo como publicidad. Marx ya lo intuyó al denunciar en el primer volumen de *El capital* el aspecto teológico del fetichismo de la mercancía. Pero, sobre todo, esto se cumple cuando se llega a lo que Negri llama la subsunción real, cuando el fetichismo de la mercancía se generaliza. Esa es la premisa para que Debord afirmara en 1968 que la vida cotidiana era ya la propia de una sociedad del espectáculo, de la publicidad y del posfordismo. Los tres elementos tenían algo en común: el abismo entre la representación y la realidad, la degeneración de la realidad en imagen, la emergencia de un pseudomundo. En suma, no se trataba de la gloria del Ser. Todo esto es convergente con el abandono del patrón oro, como vimos, y con el trabajo entendido a través de la red como trabajo inmaterial entregado a una comunicación constante intransitiva. Daniel McLoughlin ha llamado la atención sobre esta síntesis como la específica descripción que Agamben hace de la situación contemporánea[18], que así esta-

---

18. D. McLoughlin, «Liturgical Labour, Agamben on the Post-Fordist Spectacle», en Íd. (ed.), *Agamben and Radical Politics*, cit., p. 91.

ría marcada por la práctica eclesial y la manera en que esta ha engastado la gloria y el reino.

Tenemos aquí una ampliación considerable del dispositivo que le sirve a Agamben para describir el mundo contemporáneo como la expansión de la expropiación más allá de donde la dejó Marx, como recordó en *La comunidad que viene*. Se trata de una expropiación de la realidad, y con ello del lenguaje y de toda comunicación. Ahora ya no se experimenta ni se vive, sino que se contempla la imagen de la vida. El pueblo de esta liturgia es el de los gustadores de imágenes que se constituye en lo que Debord llamó una «atomizada masa», el pueblo correspondiente a la aclamación del soberano anónimo del capitalismo. De este modo, la realidad aparece como una dimensión mistérica y el capitalismo y su valor de cambio permanente, basado en la circulación de imágenes —en el tiempo posfordista del trabajo inmaterial la esencia del valor no es el trabajo—, se propone como un culto que genera un dios ausente, que impone una vida entregada a simulacros. En la medida en que estamos en la época de la subsunción real, esta desrealización es general. Sin embargo, el espectáculo y la publicidad es la forma en que se legitima el capitalismo a través de esa pasiva aceptación plebiscitaria que aparece como obra de la libertad, tal y como dijo Foucault. De este modo, tenemos la descripción del soberano anónimo del mercado en tanto que monopolio de la apariencia pública que determina la conciencia de todos sus sujetos. En este sentido, es un soberano teológico-político.

Agamben, por supuesto, cree que esta sociedad del espectáculo es la que nutre a la pequeña burguesía mundial, lo que él detesta por encima de todas las cosas. Su pretensión teórica más importante es convencer a esa pequeña burguesía mundial de que su estatuto ya es plenamente escatológico y que, a pesar de sus propias autorrepresentaciones, ya está instalada en la nuda vida. Su homogeneidad mundial, la carencia de una forma de vida, su expropiación general del lenguaje, todo eso nos indica que ya gozamos de la premisa para asentarnos en la nuda vida como *vita vera*. En este sentido, Agamben ofrece una redención por el intelecto, por la verdad, en una nueva gnosis. Por eso, sus intereses son meramente los propios de ofrecer una clara descripción en el terreno de la ontología. Esto significa una descripción en términos de las estructuras que subyacen y que conectan con esas arqueologías originarias para identificar las maneras de liberarnos de ellas.

Para entender este paso adicional, tenemos que acudir a la tesis desplegada en un libro posterior de *Homo sacer*, *Altísima pobreza*. Lo más importante de este libro es que cierra su descripción del capitalismo propio del posfordismo. Pues lo que ha logrado la época de la subsunción real, del trabajo inmaterial, es universalizar el trabajo litúrgico de los monjes. En este sentido, Agamben llega, por misteriosos caminos, a la tesis de Weber sobre la Reforma. Esta no había clausurado los monasterios, sino que habría hecho de la sociedad entera un monasterio. Pero no en el sentido de forjar el capitalismo productivo, sino de ofrecer el modelo del capitalismo posfordista. De este modo, Agamben insiste en ver en las estructuras de la Iglesia católica el módulo originario de todos los procesos de ordenación social posteriores y la verdadera clave arqueológica para reconocer la historia de la metafísica, pero también para analizar las corrientes heterodoxas como arquetipos de su propia liberación.

En efecto, en su libro *Medios sin fines* Agamben describió el capitalismo actual, de naturaleza posfordista como «una masiva inscripción del conocimiento social en el proceso productivo». Era su manera de incorporar los análisis de Sergio Bologna y de Antonio Negri sobre el trabajo fuera de la factoría, ese trabajo que se entrega a las redes comunicativas virtuales. Esta nueva forma de trabajo rompió con la diferencia entre tiempo de trabajo y tiempo de ocio. Ahora el trabajo era indistinguible de la vida, el conocimiento de la producción, la comunicación de la innovación, la contemplación de la actividad, la cultura de la mercancía, la competencia lingüística de la competencia económica, el afecto de la creatividad. De este modo se llegó a ocupar el tiempo completo de la vida como tiempo productivo, y la relación social fue incluida por completo en este tiempo que forjó una nueva oleada de acumulación. Como ha recordado McLoughlin, «cuando la producción inmaterial ha llegado a ser hegemónica, entonces la mercancía más importante para el capitalismo contemporáneo es el mundo de la vida, pues la comunicación y la cultura ofrecen el medio para su manufactura»[19].

Sin embargo, las remisiones de la signatura permiten elevar el mundo del monacato a arquetipo del trabajo posfordista, que, de esta manera, puede llamarse también «trabajo litúrgico». Se trata de un trabajo que no se diferencia de la constitución misma de la subjetividad, que atraviesa la totalidad de la vida humana y las relaciones sociales y que, en la medida en que vive, reproduce el mismo orden en el que vive. Este trabajo litúrgico muestra hasta qué punto el neoliberalismo es teológico-político. Ya no estamos en una disciplina industrial que dura solo el tiempo de trabajo y condiciona los cuerpos mediante órdenes externas. Como han descrito los estudiosos del trabajo posfordista, se trata de la inseparabilidad del vivir y la productividad. Esto signifi-

---

19. *Ibid.*, p. 103.

ca que se disciplina la vida desde el interior mismo del sujeto viviente. En realidad, es lo que ya Foucault anticipó en *El nacimiento de la biopolítica*, a saber, que el mercado produce libertad y genera la indiferencia entre actividad económica y vida desde la propia afirmación de esa libertad. Como sabemos, los espacios de comunicación —como Facebook y Twitter (o X)— son máquinas de expresión, pero también y en el mismo acto máquinas de producción. Esto sucede por la formación de una publicidad tupida que no distingue entre la manifestación de opiniones privadas y la publicidad de mercado. La mediación de los algoritmos permite concretar las evidencias de Agamben. Este es el sentido de la llamada «factoría social» de Negri y Hardt, pues ambas dimensiones describen unas relaciones productivas totales y sin resto. Cómo esto sea posible a través de las sociedades de control solo puede justificarse si consideramos que las máquinas comunicativas registran todas las opiniones y toda la publicidad. Control aquí significa algo diferente de aquello que originariamente defendía Deleuze, pues se trata más de un control económico que represivo o político, pues el soberano vive más de la productividad de las opiniones y deseos que de la represión. Lo que se controla es que la totalidad de la vida sirva al soberano económico anónimo.

Y eso justamente hacían los monjes. No es que fueran el principio de la disciplina, como sucedía en los análisis clásicos de la ascesis de Weber y Foucault. Son la arqueología del trabajo posfordista, pero también la concreción de la gloria del Dios católico en su continua liturgia y, por supuesto, el arquetipo de la transferencia de la liturgia al dios del capitalismo. Los monjes sacrifican la vida entera a la liturgia, a la oración, y hacen de ello la glorificación de Dios, la producción permanente de su existencia. Como dice Agamben al inicio de su

Altísima pobreza, cada uno de los instantes de la vida del monje es *opus dei*, es trabajo espiritual, ofrenda divina, sacrificio que produce al dios, que mantiene unida a la comunidad y genera el autogobierno del singular y de la orden[20]. De la misma forma, el trabajo inmaterial consiste en la aclamación glorificadora del dios del capitalismo, su producción y su reproducción, su acumulación en una imposible constitución de su ser.

Por este desplazamiento de la analogía, que es la sustancia de la signatura, el trabajo del monje se parece al trabajo del presente, con la única diferencia de que ya no permite la distinción de laicos y *clercs*. En el ritual del capitalismo se cumple la presencia gloriosa del dios universal que es la última metamorfosis del paradigma del trabajo litúrgico de la Iglesia. Esta es la época de la subsunción real y de la gran acumulación del dinero signo, ese que aumenta solo por circular. La exposición de signos que no significan realidades, la circulación de simulacros en las redes, el espectáculo de un significante que circula sin descanso, se convierte así en la fuerza productiva, dejando el trabajo fuera de juego. Asistiendo a esta circulación, contestándole con un amén continuo, alcanzamos la forma de la moderna acción-pasividad en la que participamos en los rituales que encumbran la gloria del dinero a verdadera divinidad. A él sacrificamos completamente nuestra vida y nunca se pudo decir con más claridad que justo por eso lo deificamos. Con ello, en verdad, Agamben recubre de teología los análisis profanos de Paolo Virno y de Maurizio Lazzarato[21].

---

20. *Opus Dei. Archeologia dell'ufficio. Homo Sacer* II, 5. En la edición integral, pp. 647-719.
21. De Virno se debe tener en cuenta *Gramática de la multitud. Para un análisis de las formas de vida*, Traficantes de Sueños, Madrid, 2003;

De este modo, Agamben parece cerrar la ontología del presente y puede mostrar que sus fenómenos característicos corresponden a la profunda influencia del paradigma eclesial en la construcción del Estado y del capitalismo, sus herederos. Agamben ha logrado reinterpretar la historia de la metafísica de Heidegger como historia de la teología de la Iglesia, la gran enemiga del mesianismo que irrumpió con Cristo. Sin embargo, podría decirse que esta ontología debe estar en condiciones de proponer una política que sea realista. Este es el propósito que se manifestó en *Medios sin fin*. Allí se dijo que, si la política ha quedado como una actividad subalterna, eso se debe a que «ha desatendido la confrontación con las transformaciones que han vaciado progresivamente desde el interior sus categorías y sus conceptos»[22] (MsF 9). Esto se debe, como sabemos, al olvido de la ontología. Una política que parta de la realidad debe partir de la nuda vida, del estado de excepción permanente que decreta la vida natural del soberano anónimo, del trabajo inmaterial que le brinda sus sacrificios en el altar de la circulación de los signos, del campo totalitario del mercado que puede declararnos en cualquier momento refugiados, y de la gloria espectacular de nuestras sociedades de publicidad. Todo lo que no sea partir de ahí será mantener el mismo lenguaje hueco y vacío. Esta es la razón de que toda política tenga que romper la teología política dominante y deba convertirse en una profanación, devolver al terreno de lo profano lo que pertenece al campo del dios del capitalismo. Ese es el sentido de su «Elogio de la profa-

---

de A. Negri y M. Lazzarato, *Trabalho imaterial: formas de vida e produção de subjetividade*, Dp&A, Río de Janeiro, 2001.

22. G. Agamben, *Medios sin fin. Notas sobre la política*, Pre-Textos, Valencia, 2001 [en adelante, MsF seguido de página].

nación», el capítulo central del texto que lleva ese título[23]. Ahora debemos avanzar con este problema.

5. EL MISTERIO DEL MAL

La clave de buena parte del pensamiento de Agamben aparece en ese librillo que dedicó a la figura de Benedicto XVI, el discípulo de Erik Peterson. Por supuesto, este libro está íntimamente relacionado con la cuestión del *kathéchon* y aquí, una vez más, la clave procede de Schmitt. Lo más relevante del argumento es que esta figura nos lleva de nuevo a los terrenos en los que Benjamin se opone al jurista. Pero no olvidemos aquí la figura prominente de Overbeck, que fue rebatida por Harnack y por su discípulo Peterson. De esta manera, podemos pensar el movimiento de Agamben como un modo de lanzar el mesianismo de Benjamin contra la construcción eclesial y sus teólogos. Eso le permite enlazar con Overbeck, que fue el primero en mostrar la dimensión escatológica del Reino y poner en el centro de su consideración la cuestión de cómo y por qué el anuncio del reino mesiánico se convirtió en la institución de la Iglesia. Como sabemos, esta transformación específicamente apostólica, que está en la base de la indisposición de Nietzsche con el cristianismo, es justo la que resulta explicada por la construcción conceptual del *kathéchon*. Algo detenía la llegada del Reino, por mucho que ya estuviera aquí.

Así que, finalmente, lo que permite desarticular la dimensión eclesiástica, la signatura de la teología política y la teología económica, es la recuperación del mesianismo. En este sentido, Agamben es la última mani-

---

23. G. Agamben, *Profanaciones*, Anagrama, Barcelona, 2006.

festación del pensamiento que, centrado en Roma, es completamente antirromano. Por supuesto, esto tiene mucho que ver con las irrupciones carismático-mesiánicas, como la de Francisco de Asís, y los movimientos escatológicos que atraviesan la vida de la Iglesia. Para Agamben, la integración de este dispositivo escatológico en el seno del cristianismo oficial se hizo a través de la función de la gloria, que heredó la representación de la política imperial para de ese modo perfeccionar el ámbito indefinido del gobierno y de la economía. La política tuvo así desde el principio el efecto nihilista de permanecer en la economía de lo mundano y mantenerse en el tiempo, en un tiempo vacío en el que nada sucede. Su enemigo es una vez más Agustín, el soporte fundamental de Peterson. En realidad, Agustín es responsable de este movimiento porque transformó la comprensión de la temporalidad de tal modo que creó las condiciones de posibilidad para el desplazamiento permanente de la economía, la condición de la apertura de la filosofía de la historia.

En un artículo magnífico, Nicholas Heron ha recordado que también Agustín, como Plotino, quiere producir una *liberatio a tempore*. Esta aspiración, internamente escatológica, influye también en los que han conectado con los intereses escatológicos, desde Overbeck a Heidegger. Ese era el sueño de dejar atrás los viejos días, como se dice en *Confesiones* II, 24, 33; de olvidar el pasado. La manera en que se produce esto para Agustín es mediante una forma de vivir *non distensus sed extensus, non secundum distentionen sed secundum intentionem*. Esta forma de vivir se concentra en el Uno y no se distrae en las cosas, sino que se proyecta más allá de ellas. Esta síntesis de concentración en el Uno y en la vida futura ya implica una insensibilidad para el mensaje escatológico de Cristo dirigido al presente. Lo que no cambia se proyecta a un futuro más allá del tiempo, no al presente. La eternidad solo se abre allí (*ubi*) cuando (*iam*) el tiempo no cambia, donde *nulla est mutabilitas temporum*[24]. Esta separación de presente y eternidad a través del tiempo indefinido es el dispositivo por el que la Iglesia alcanza su legitimidad. Lo Uno no está presente. Lo que está presente es la estasis. La Unidad no se consigue con el movimiento de reversibilidad del alma de Plotino, sino en un lugar que está situado en el futuro. Agustín ha generado la mirada futurocéntrica de Occidente, que desplaza la liberación del tiempo hacia el futuro, a través de la consumación del tiempo. Esta es la condición de posibilidad del reino permanente de la economía en el tiempo. Ahí es donde se puede abrir el espacio para el misterio de la economía que, para Agamben, es el misterio del mal, la necesidad de atar la acción de Dios al mundo y, por tanto, la necesidad permanente de la Iglesia. Ahí se jugó todo, la arqueología que hemos estudiado. De este modo se suspendió la relación del cristianismo con la escatología y se interpuso la mediación permanente del tiempo que explica la existencia histórica de la Iglesia. La eternidad se disolvió frente a un tiempo que se eternizó.

Eso hizo de la Iglesia el mismo *kathéchon* que detiene la segunda venida de Cristo y la presencia del Reino. Eso obligó a dotar a la Iglesia de las gloriosas representaciones imperiales con las que había sido inicialmente pensado el Cristo apocalíptico y a elevar las liturgias de esas glorias, luego apropiadas por el Estado y el capitalismo. Pues, como dice Heron, «la separación de la economía respecto de su contexto escatológico es el tiem-

---

[24]. *In Iohannis evangelis* 31, 5, cit. por Nicholas Heron, «Zoê aionios: Giorgio Agamben and the Critique of Katechontic Time», en D. McLoughlin (ed.), *Agamben's Radical Politics*, cit., p. 149.

po *kathéchontico*»²⁵. Este es el paradigma que domina a Occidente y que marca desde el principio el triunfo del capitalismo. El *kathéchon* es un símbolo necesario de la economía teológica. Tan pronto como este desplazamiento de la experiencia tuvo lugar, la transferencia de la función *kathéchontica* desde el imperio romano a la Iglesia era inevitable. Pero no hace falta llegar a Ticonio para recordar que las cosas móviles en la Iglesia tienen que ver con la estasis, con la herejía y con el cisma y que la entrada de la Iglesia en un momento de unidad capaz de gozar de la paz definitiva coincidirá con la llegada definitiva del Reino.

El misterio del mal es el que impide que el Reino venga, pero, como vemos, eso es la propia temporalidad institucional de la Iglesia. Pablo ha visto aquí, en la existencia de impurezas cismáticas en la Iglesia, el fundamento del desplazamiento temporal del reino escatológico y eso es lo que Ticonio recoge con las dos partes de la Iglesia, la oscura y la bella, dotando a Pablo de la forma poética del Cantar de los Cantares²⁶ (MM 17). Solo la eliminación del cisma en Pablo y de la escisión radical en Ticonio retirará su función temporal al gobierno de la Iglesia. Pero en cierto modo se trata de lo mismo. La estasis del alma que hacía necesario el tiempo en Plotino, aquí se desplaza a la estasis de la Iglesia, que es la vez la de Cristo y la de Anticristo. Y eso explica la función del Anticristo, que sirve de *kathéchon* que impide la segunda venida. Es el poder que ata y que, a pesar de la voluntad del Cordero de acortar los días del final en atención a sus elegidos, los prolonga para

---

25. N. Heron, «Zoê aionios...», cit., p. 153.
26. G. Agamben, *El misterio del mal: Benedicto XVI y el fin de los tiempos*, Adriana Hidalgo, Buenos Aires, 2013 [en adelante, MM seguido de página].

dar tiempo a que el Maligno mantenga sus actuaciones y su sufrimiento.

Estamos ante el círculo que expande los tiempos del final de forma indefinida. Porque ese mantenimiento del tiempo favorece a los cismáticos, a los hijos de la destrucción, de la apostasía y de la anomia de la Segunda Carta a los Tesalonicenses de Pablo. Esta es precisamente la clave de la interpretación de Peterson de que, en el fondo, el auténtico *kathéchon* es la no conversión de los judíos, a los que se alude con esos *anomoi*, hombres sin leyes. Pues el espíritu de cisma es lo que los judíos representan, con ese cisma originario que escinde la comunidad entre los que reconocen a Cristo y los que no. Y el cisma es el fenómeno que hace necesario que la Iglesia pase a los gentiles. Es el torbellino del tiempo que vuelve a ser historia natural del gobierno. En todo caso, la Iglesia se orienta hacia el mundo y el tiempo[27], que tiene que atravesar hasta desembocar por fin en el lejano estado en que las cosas no cambian. La escatología ya no depende del Reino ni del Mesías, sino de la economía y el gobierno. Por tanto, de su contrario. Agamben considera que con ello se han introducido en la Iglesia dos aspectos completamente contradictorios. Al depender de la acción del gobierno y esta de la voluntad, llegamos a un tiempo indefinido, interminable. Lo que había surgido para liberarse del tiempo nos ata definitivamente a él. Ese es el misterio del mal de la Iglesia. Su gloria y su gobierno prolongan la economía política al mismo tiempo que eliminan la dimensión mesiánica.

Por eso Agamben ha hablado directamente de la Iglesia y de su legitimidad en el presente justo con ocasión de alabar el gesto de Benedicto XVI de presentar su di-

---

27. N. Heron, «Zoê aionios...», cit., p. 156.

misión como pontífice. Entonces ha dicho que esa dimisión alza su voz «frente a una curia que, olvidada por completo de su propia legitimidad, sigue obstinadamente las razones de la economía y del poder temporal» (MM 15). Benedicto XVI, al dimitir y renunciar, realiza el gesto crítico más rotundo frente a la Iglesia. Agamben llega a decir que la pone en cuestión desde sus raíces. En realidad, este momento es convergente con el sentido general de la obra de Agamben. La clave de la fuente principal de este libro dedicado a *El misterio del mal*, Ticonio, a quien dedicó un trabajo Ratzinger, reside en la reivindicación mesiánica propia de la iglesia donatista, en la separación y revelación del doble cuerpo de la Iglesia para así acortar el tiempo de la *parusía* (MM 22). Despreciando la apuesta de Schmitt[28], que hace del *kathéchon* el poder imperial que concede más tiempo —en una clara actitud antimesiánica— al orden del mundo, Agamben se centra en Iván Illich, que ve el *kathéchon* como el Anticristo que corrompe a la Iglesia y la institucionaliza como una sociedad perfecta que prepara el Estado.

Desde este punto de vista, *El reino y la gloria* es una arqueología del Anticristo, que proclama la historia como misterio del mal, que culmina en la figura del Gran Inquisidor, el momento en que el Anticristo ya ha reocupado completamente la institución y está en condiciones de crucificar de nuevo a Cristo. La operación de Agamben consiste, por tanto, en reponer la figura de la iglesia mesiánica y eso es lo que va a hacer con su renovación del franciscanismo. La suya, como el gesto

---

28. «Contrario a la tesis de Schmitt, el *kathéchon*, el 'poder que frena' —ya sea que se lo identifique con la Iglesia o con el Estado—, no puede inspirar ni diferir en modo alguno la acción histórica de los cristianos» (MM 20).

de Benedicto XVI, al exigir la *discessio*, la separación o votación en el seno de la Iglesia entre la de Cristo y la del Anticristo, es, en cierto modo, un movimiento donatista. Sin embargo, el reclamar el mesianismo de la nuda vida como *vita vera* se trata de un donatismo que se aleja de todo rigorismo y puritanismo, convirtiéndose justo en su contrario.

El momento más interesante para desplegar su punto de vista es cuando Agamben dice que «forma parte integrante del sentido de las cosas últimas el que estas deban guiar y orientar la acción en las cosas penúltimas» (MM 27). Eso es lo que tenemos que abordar ahora, el tiempo del fin, que no es lo mismo que el fin de los tiempos. Para Agamben, ese el tiempo de ahora. Pues entonces, en esa vida alojada en lo penúltimo antes del momento mesiánico, en el tiempo que resta, se descubre una nueva comprensión de la vida económica que ya no tiene que ver con el valor de cambio, sino con el valor de uso.

6. VALOR DE USO

Lo decisivo de esa vida económica entregada al valor de uso es que no se trata de una vida individual. Es una vida colectiva. Esa economía es una práctica de la pobreza, pero en un sentido muy concreto. Primero, porque está apegada al *usus necessitatis*; segundo, porque su forma de vida es desplegar su vida en tanto su propio ser, de tal manera que la forma de vida sea inseparable del vivir mismo, la Acción del Ser; y tercero, porque se realiza al margen de todo uso jurídico. Esta es la vida de lo *inapropiable*, frente al sentido de la propiedad privada que levanta sus altares al dios del capital. Esa es la vida cuyo paradigma está en aquello que estudió Overbeck en su tiempo, la emergencia del monacato y su culminación en la forma de vida de los franciscanos, cuya peculiaridad es que en ella no se impone la soberanía de la regla sobre la vida, sino que es la propia vida la que se hace norma. Su comunidad no está regida por la ley y la doctrina, sino por el mero vivir. En esta reconciliación de vida y ley, la libertad del hermano recupera su autoridad de tal manera que el monje, en un estado de excepción que él mismo ha decidido con su autoridad, se eleva a sujeto soberano que reunifica norma y vida, sin aspirar a fundar un orden legal y jurídico que pueda imponer coacciones desde fuera a la vida. Por eso los franciscanos no iban contra la iglesia romana. Esta era demasiado externa a ellos, y ellos demasiado ajenos, por lo que la dejaban en paz. Así se forja una comunidad anárquica, sin regla jurídica. No surge de la regla ni desde ningún gobierno, sino que surge del estar ahí en el cenobio. Forma de vida no es sino un arquetipo que sirve de ejemplo, pero cuyo paradigma último es la propia vida de Cristo. Ofrece así una *regula vivifica* que no desprende juridicidad alguna y que desactiva toda autoridad.

El argumento del uso dependía claramente del caso de necesidad. Solo en este caso el monje tenía derecho natural a hacer uso de algo para lo que no tiene ningún derecho positivo de propiedad. Sin embargo, al centrarse en el uso, lo que para los demás es una excepción, para el monje es la norma, su forma de vida. Solo usa algo no cuando tiene propiedad, ni cuando accede a ella por el cambio, por el oficio o por la liturgia, sino cuando tiene necesidad. El uso solo se realiza en el estado de necesidad. Así, el franciscano se convierte en la antítesis del soberano, pero desde el mismo dispositivo conceptual que él. Solo que su estado de necesidad no decide derecho, ni ley, ni propiedad, ni orden, ni es fruto de la voluntad, sino solo del uso. La vida no se rige por una regla. Se rige solo por la necesidad. Someterla a regla, ley, liturgia u oficio era el gran peligro que Francisco quería evitar. De este modo, Agamben está ofreciendo a los declarados como *homo sacer* por el soberano capitalista una vida en la que en el fondo ya están, pero llama a hacer uso de ella y vivir solo en el uso. Así Agamben repite el efecto histórico del trabajo de la Iglesia con los marginados, a los que eleva, por la forma de vida, a paradigma de la emancipación. Aquí, la facticidad en la que nos encontramos como nuda vida encuentra su propia forma de autotrascenderse en forma de vida. Esta posición implica una rehabilitación del derecho natural de usar aquellas cosas de las que tenemos necesidad. La base prescriptiva de esa necesidad hay que encontrarla en la permanente comparación de la vida humana con la vida animal por parte de san Francisco. Así, como era de esperar, Agamben ve en esta facticidad un eco del *Dasein*, y por eso habla de una ontología existencialista. Ella tiene como contenido la realidad puramente existencial que tiene que ser liberada de la signatura de la ley y del oficio o deber (se trata de la *abdicatio omnis iuris*, HS 977).

Pero todavía es posible definir mejor la posición de Agamben. La dualidad donatista se impone cuando la facticidad concierne a la forma de vida y al uso, frente a la operatividad de la ley y los actos litúrgicos que ofrecen su gloria a la teología económica. Tenemos dos campos de facticidad que recuerdan los dos campos de la Iglesia de Cristo y del Anticristo. El criterio de separación entre una y otra es la no invocación del derecho para proteger la propiedad y determinar el uso. Esta renuncia al derecho, sin embargo, no es la condición positiva del uso que nos lleva al tiempo que resta mesiánico. Se trata sobre todo de seguir la consigna paulina de usar como si no se usara. Esto implica romper el sentido de la noción de uso, como si no tuviera ya un *para algo*. Se usa como si no se usara, cuando el uso es referido al mero vivir, no al vivir para algo. De este modo, es el uso propio de alguien que no tiene ya finalidad, ni meta ni proyecto. Agamben propone separar esta forma de vida centrada en el uso respecto de aquella que se regía por el caso de necesidad, porque incluso con el movimiento franciscano que invoca ese caso de necesidad todavía estamos instalados en relación con la ley. Por eso Steven DeCaroli ha subrayado con razón la centralidad de la Constitución de los hermanos capuchinos de 1536, refrendada en 1577, que recomendaba la generalización de la vida basada en el uso y el uso entendido al modo paulino como si no se usara[29]. En realidad, lo que prescribe aquí es que siempre se use *como si se estuviera compelido por la necesidad*. No se trata de usar por necesidad, sino *como si* fuera por necesidad. Lo que con ello se invoca es sencillamente la contención de la necesidad como coacción material y la mediación más bien libre de su representación en tanto necesidad. Eso implica reconocer que no se basa en ningún derecho natural. De esa manera, se elimina realmente la materialidad del derecho natural y de la necesidad natural. Todo ha de ser tomado *como si* fuera necesario y, por tanto, en dependencia de su estatuto de representación, como si debiera anteceder una actividad de contemplación, una dimensión extática. Así se renuncia a tener derecho natural. Lo que está en juego aquí es que no sea la necesidad la que imponga la necesidad, sino mi elaboración como si lo fuera. No estoy sometido a ninguna

---

29. S. DeCaroli, «What Is a Form-of-Life?: Giorgio Agamben and the Practice of Poverty», en D. McLoughlin (ed.), *Agamben's Radical Politics*, cit., p. 222.

ley, sino que someto a posibilidad incluso ese estado de excepción que es el caso de necesidad.

El espacio donde es posible imponer el uso frente al valor de cambio no puede ser individual. Debe haber un mundo común de cosas en el que el valor de uso se imponga. Solo en una comunidad es posible esta forma de vida. Estamos hablando de una noción de pobreza que no es particular, que es sociopolítica, colectiva. Por supuesto, se trata de una comunidad anárquica en la que nadie puede invocar estatus jurídico ni privilegio alguno. Pobreza es así, ante todo, una forma de relación social que se desprende de toda diferencia y que hace efectivamente existencial la nuda vida que solo nos particulariza en lo absolutamente compartido del vivir. Agamben, lejos de llamar a esta vida precaria, nos sugiere que la comprendamos como una nueva desnudez que es el camino directo a la felicidad, a una forma de vida de la que pensamos y experimentamos que no podemos separarla de nuestra vida, una forma a la que se adhiere el vivir de forma inseparable. Agamben dice que esta es la obra del pensamiento, y en este sentido nos sugiere que podemos pensar esta vida como aquella cuya forma no puede arrebatarnos nadie.

Resulta evidente que Agamben nos pone ante las mismas cuestiones que la irrupción mesiánica del rabí Jesús planteó a sus contemporáneos. En cierto modo, podemos decir que la filosofía de Agamben es una inmensa *ekphrasis* de la película de Pasolini, *La pasión según san Mateo*. Este es otro aspecto que hace su filosofía significativa desde Hans Blumenberg, quien ha visto en Bach y su gran oratorio la manera más directa de recordar el momento mesiánico. Pero esta diferencia es muy significativa. El mundo de la música y de la experiencia interior frente al mundo de la pobreza propio del sur mediterráneo, con sus desiertos luminosos. Se trata de un refugio del espíritu en la interioridad frente a un profetismo de la pobreza nómada que no deja de animar todo el pensamiento de Agamben. Aquí también el averroísmo deja su impronta característica en el pensamiento de Agamben, y en su uso lleno de proyecciones utópicas propias de la analogía y de la signatura. De repente, hemos obtenido aquel uso de la imaginación viva que caracteriza la dimensión del profeta en la tradición medieval averroísta. Solo ahí se abre paso la justicia viva. Que la profecía tiene una dimensión política resulta claro y Agamben ha extraído la consecuencia de sus planteamientos. Uno de sus últimos libros lleva por título *Por una política de la ontología*. Analicemos este punto antes de concluir.

7. LA POLÍTICA ESTÉTICA DE AGAMBEN

Agamben no ha negado la práctica jurídica. Al contrario, la ha reconocido como necesaria (MM 12-13). Tampoco ha despreciado por completo la legalidad. Lo que ha dicho es que la proliferación de la legalidad es el síntoma preciso que delata una pérdida de «toda legitimidad sustancial». Por supuesto, esta posición no puede ser entendida como una aprobación de toda la vida política convencional. Al contrario. Agamben ha ofrecido la diferencia entre legitimidad y legalidad, por un lado, y *auctoritas* y *potestas*, por otro, como paralela a la diferencia entre derecho natural y derecho positivo. Respecto de todos estos pares ha dicho con claridad que no pueden dejar de funcionar siempre a la vez, como una especie de división de poderes que no puede reunificarse. En este sentido, podemos considerar la filosofía de Agamben como un esfuerzo por compensar el exceso de legalidad con unas bases adecuadas de legitimidad.

La capacidad de redotar a la ley de fuerza legítima fue, desde hace mucho tiempo, la pretensión de las irrupciones carismáticas. En cierto modo podemos considerar su propuesta como una reflexión sobre el sentido autorizado que debería infundir espíritu a nuestra legalidad. La clave de Agamben es que eso solo será posible si configuramos una forma de vida diferente, que venga enraizada en la dimensión de la ontología. Como hemos visto, esto quiere decir que la cuestión política de Agamben pasa por interpretar las primeras dimensiones de esos pares (legitimidad, autoridad, derecho natural) a la luz del horizonte mesiánico. Solo entonces, en ese horizonte, se puede configurar una forma de vida real capaz de experimentar la legalidad de otra manera, viva, transformadora, justa. Pero esa interpretación debe anclar en la facticidad y en la inmanencia del presente.

La clave del movimiento de Agamben, como ya hemos visto, consiste en posicionar de nuevo la vida, la nuda vida que ya somos, no en el horizonte del soberano que la ha declarado con sus exclusiones e inclusiones, sino en el ámbito del horizonte mesiánico. Dudo que en Agamben se pueda vincular lo mesiánico a un acontecimiento. Su problema real es que no hay institución viva que vele por lo mesiánico ni encarne la legitimidad de una justicia. La Iglesia oficial no parece cumplir esa misión. Por eso es tan necesaria la filosofía como única huella de esa institución inexistente. El último vínculo con lo mesiánico es pensar lo mesiánico. De la misma manera, la vida no accede a lo eterno en un más allá. Lo eterno es más bien el carácter que alcanza la vida cuando entra en ese horizonte mesiánico aquí, en el tiempo que resta. Como ya vimos, es la vida bajo la forma de *vita vera* de Jesús. Ahí se han concentrado las alusiones de Benjamin que hablan de que el mundo del Mesías será muy parecido a este y solo se diferenciará en el aura, en el modo de pensarlo y de experimentarlo. De la misma manera, todo en Agamben converge en una reevaluación de la contemplación. Como sabemos, la contemplación no mata el deseo. Solo eterniza la demora del goce y de este modo se niega a las falsas ofertas mediadoras del mercado. Así, el deseo se manifiesta puro a la contemplación, y se hace de esa misma demora el goce. Esa es la dimensión extática del deseo, tan cercana a su atención mediante el trabajo onírico. Se trata de una forma de vivir la *vida nuda* que ya somos, pero en tanto mera forma de vida de la que nuestro pensar no permite separación. Entonces esta afirmación de la nuda vida se presenta como la gloria del Ser, y podemos describirla como la acción intelectual que no se separa de ese Ser, como por desgracia hizo el dispositivo teológico eclesial, escindiendo la teología económica del Hijo de la teología política del Padre.

Todo lo que sabemos es que esa acción, en tanto gloria del Ser, debe estar caracterizada por la inoperatividad y por la contemplación intelectual, la única acción que se mantiene en su potencia, el núcleo que no podemos perder de esa arqueología que es *Homo sacer*. Entonces todo tiene relevancia para el día de hoy. Como dice en una de sus últimas obras, «la arqueología es la única vía del acceso al presente» y el hombre «europeo» no puede acceder a verdad alguna sobre su propio ser sino es «haciendo cuentas con su historia» (CeA 9). Que la forma de vida esté atravesada por la inoperatividad es lo que debe ser entendido con precisión y para ello debemos identificar qué significa realmente hacer cuentas con la historia. Tal cosa no es posible sin reconocer en nosotros una «animalidad poshistórica» (CeA 10). Lo poshistórico aquí invoca la condición de contemplar la historia en su totalidad y, por tanto, abre la puerta a acceder al discurso ontológico. De él se debe derivar una política tanto como una estética, en la que la obra de arte sea abolida y realizada a la vez, produciendo no obra sino situaciones vitales[30]. De este modo, Agamben expresa su fidelidad a Debord.

Pues bien, esta acción política parte de la ontología porque se instala ya en un escenario posthistórico, contempla la historia como su totalidad, y de ahí extrae la verosimilitud de la inoperatividad. Esta emerge de la contemplación. Inspirado en Kazimir Malévich, Agamben ve en la inoperatividad la verdad efectiva del ser humano, solo que no es el color blanco su símbolo, sino la contemplación, la recuperación del *otium* antiguo como la acción que no se separa del Ser. Recordando a Arendt, Agamben señala que «mientras que para los antiguos era el trabajo —el *negotium*— lo que debía ser definido negando la vida contemplativa —el *otium*—, los modernos parecen incapaces de concebir la contemplación, la inoperatividad y la fiesta de otro modo que como negación del trabajo, como reposo» (CeA 49). En tanto que acción y praxis, la inoperatividad es pensar, en la medida en que, desde Aristóteles, el pensar mantiene y contempla su propia potencia en cada paso al acto. La utopía filosófica de Agamben consiste en la de Spinoza y en la de Averroes, liberado ya de la empresa de santo Tomás de mostrarse coherente con la fe cristiana. Su obra es así la manifestación de la alegría de pensar. Pensar es la genuina fuerza mesiánica. Cuanto más se piensa más se abre la posibilidad de pensar. Esa es la única felicidad que puede de verdad conocer la animalidad que somos en tanto humanos. «Contemplación e

---

30. No puedo referirme ahora a la estética de Agamben, tan íntimamente vinculada a la noción de liturgia. Aquí sus alusiones a la obra *Die Liturgie als Mysterienfeier*, de Odo Casel (Herder, Friburgo B., 1922), y el movimiento litúrgico son especialmente relevantes.

inoperatividad son los operadores metafísicos de la antropogénesis», dice Agamben (CeA 50).

Aquí, sin embargo, observamos las últimas imposiciones del dispositivo del pensamiento de Agamben, su última dependencia de Arendt y Heidegger, y, en último extremo, de Husserl. Se trata de la confusión de la antropogénesis con la fundación originaria de la filosofía. Aquí es donde el lector de Blumenberg no puede sino mostrar una reserva. El proceso de antropogénesis, aunque tuvo que ver con la emergencia de la autoconciencia, es mucho más amplio que el de la fundación originaria de la teoría y de la contemplación. Autoconciencia no es contemplación. A la luz de esta diferencia, la cuestión de la inoperatividad tendría que ser reevaluada. En todo caso, la propuesta de Agamben no necesita ese anclaje en una teoría de la antropogénesis, por mucho que ese sea un tema central de la tradición filosófica, desde las reflexiones de Heidegger y Ortega, hasta Derrida, pasando por Plessner y Blumenberg, y por mucho que el propio Agamben lo hubiera abordado en *Lo abierto*. Podemos dejar este asunto de lado. Fuese como fuese, nada impide que el ser humano haya mutado respecto de sus propias condiciones de formación, y que así haya entrado en una fase poshistórica. Desde la antropogénesis, el humano presenta una evolución abierta. Es posible que durante mucho tiempo el ser humano no pudiera liberarse de «su destino biológico o social», y que ahora esté en condiciones de hacerlo. El problema grave es que, si la ontología ancla en la antropogénesis real, como Agamben sugiere desde *Signatura rerum*, entonces esa liberación no sería posible, como muestra la reflexión de Bruno Latour. La condición poshistórica no podría ser posbiológica, y la dimensión ontológica no podría quedar desvinculada de la antropogénesis como inevitable lucha por la formación de un mundo de la vida. Agamben evade estas conclusiones al identificar antropogénesis y fundación originaria de la filosofía. La nuda vida ya puede ser para él un puro vivir desvinculado de la pulsión de autoconservación. La vida ya da por hecho su propia realidad, no asume la finalidad «predeterminada» de la autoconservación y puede entregarse a la disponibilidad abierta (CeA 51).

Aquí está la gran decisión. O antropogénesis biológicamente vinculante —Blumenberg, Latour— o antropogénesis vinculada a la filosofía y al pensar que hace del *Dasein* la casa del Ser —Heidegger y Agamben—. De esta decisión se deriva otra: la apuesta por la historicidad radical del animal de la Tierra que es el humano, u ontología como su estructura existencial esencial. Pero si la ontología humana concierne de algún modo a la antropogénesis biológica, entonces no podemos separarnos de la operatividad y de la estasis que ella promueve. En el largo plazo de la antropogénesis no habría sido posible la contemplación sino como un estado de excepción —la vida en la caverna— de la vida en el afuera. Sin embargo, como nos recuerda Blumenberg, de la caverna hubo que salir y me temo que todavía hay que salir. Si existe algo parecido a la ontología en tanto que mirada a la historia humana en su totalidad, de esta ontología no puede separarse la vinculación biológica y social con sus fines predeterminados de autoconservación y cohesión social del grupo. La fundación de la filosofía no ha impedido esto ni lo impedirá. La gnosis de una salvación por el intelecto no podrá ser jamás completa y siempre esconde el aristocratismo del virtuoso contemplativo. Benjamin ya vio este problema al considerar que el horizonte mesiánico implicaba la suspensión de la historia natural. Pero eso reclama la presencia operativa de una trascendencia real. Es difícil ganar las prestaciones mesiánicas manteniéndonos en la pura inmanencia del Ser. Aquí Benjamin y Heidegger marcan la diferencia fundamental entre judaísmo y paganismo. Para Benjamin, el horizonte mesiánico era un acontecimiento que debería separarse de la ontología. Pero si la antropogénesis nos vincula biológicamente a la Tierra, entonces poner fin a la historia natural no está en nuestra mano.

Todos los movimientos finales de Agamben vienen posibilitados por su dependencia final de Averroes, con su horizonte finalmente griego. No debemos olvidar nunca que el *arcanum* de Agamben es el mundo de Dante. En último extremo, la estrecha relación entre inoperatividad y poesía y la comprensión de esta como la «contemplación de la potencia de decir» (CeA 51), vincula de forma clara la inoperatividad, la contemplación, la fuerza de la imaginación y la fundación del Logos poético. Pero dejando esto al margen, la política y la filosofía son, como la poesía, «contemplar la potencia del hacer», en el sentido de abrir el cuerpo más allá de la economía y la sociedad —los dos centros de la obra de Weber— para sus posibles usos al margen de la autoconservación. Logos y Cuerpo representan de esta forma un decir y hacer que no se separa del Ser, el gran proyecto de Heidegger y de Husserl.

En aquel libro de 1996, *Medios sin fin*, ya se hablaba desde luego de un uso del cuerpo como gesto, pero no sería hasta *El uso de los cuerpos*, la obra de 2014 con la que concluye *Homo sacer*, con su artículo central sobre «Lo inapropiable», y sobre todo con el trabajo de 2022 sobre «Lo irrealizable», que sus posiciones pueden considerarse definitivas. Aquí obtenemos su última palabra sobre la política. En todo caso, en su sentido más profundo, la política no se puede impulsar sin profanar la teología política que constituye la forma de vida del capitalismo, sin profanar su gloria y su trabajo litúrgico, sin desplegar otras formas de liturgia, el arte, la poesía, la filosofía, y sin desplegar el valor de uso de una nueva economía de la pobreza. Por eso Agamben ha profanado todas las categorías que describen la forma de existir de la Iglesia y se ha colocado al margen de la revolución jurídica de Gregorio VII —«la artillería opresiva de los juristas curiales» (CeA 58)— y la economía del dios capitalista que aquella ha generado al hacer posible la secularización. Todo ese movimiento está preparado para no pasar por la teología del reino, sino por lo que podemos llamar una teología y una economía mesiánicas. De este modo, la cuestión del espíritu se eleva a forma de vida y se reconcilia con la vida en la pobreza. Ese espíritu ya no podrá ser alojado en el individuo, como era el caso de Weber, sino en el cualquiera que configura la multitud de la nuda vida.

En efecto, para Agamben, la pobreza es un concepto contemporáneo por muy inactual que parezca a la sociedad de la riqueza y del dinero. En «Lo inapropiable» Agamben extrae las consecuencias de su aproximación a la pobreza de los franciscanos en el sentido del bien más alto, la altísima pobreza. La pobreza es *vivire sine propio e vivere secundum formam sancti evangeli*. Tenemos la misma *vita Jesu* del escenario mesiánico. Esto implica eliminar cualquier forma de propiedad, un resultado que ya no se entrega a la lucha de clases, sino a la novedad de una vida atravesada por el pensamiento y la contemplación, el arte y la poesía. Hay una convicción en Agamben, que merece ser identificada, de que una vida entregada al pensamiento no es una vida que necesita de propiedad ni las coberturas del derecho que la protegen. El que vive desde el pensamiento ha realizado la *abdicatio iuris*. La comunidad de los que piensan en tanto que piensan no conoce el derecho. De la misma manera que se usa del pensamiento con toda naturalidad, así se usa de todo. Se trata de un *usus facti*, de una facticidad del uso, que no implica propiedad.

La pregunta es: ¿se puede tener una relación con las cosas como con el pensamiento? Aquí ya no tendríamos un uso como excepción respecto del derecho de propiedad que sería la base, sino justo lo contrario, la excepcionalidad del derecho de propiedad respecto del uso. Así separaríamos el uso de la necesidad, abandonaríamos el esquema defensivo y haríamos del uso, al que se accedía por un estado de excepción, la forma fundamental. De este modo, dice Agamben, elevaríamos la pobreza a una categoría ontológica (CeA 59). Entonces definirá una relación con el Ser como inapropiable. En verdad, Agamben dice que la «esencia de la pobreza consiste no obstante en un ser» (CeA 61).

En el comentario a los textos de Heidegger y de Benjamin con los que elabora este ensayo, Agamben confiesa la síntesis última sobre la que reposa su pensamiento. Su movimiento, sin embargo, le lleva a conceder la última palabra a Benjamin, pues Agamben solo puede estar del lado de lo mesiánico, algo que Heidegger en realidad desconoce. Sin embargo, en la mediación se dejan caer algunos elementos interesantes. Al recordar con Hölderlin que «todo se concentra para nosotros sobre el espíritu» (CeA 60), llegamos a reconocer que también se trata de repensar la última obra de Arendt, más allá de la centralidad de la cuestión del juicio. Sin embargo, no conviene olvidar que la conferencia de Heidegger «Über die Armut» preparaba a los ánimos para sobrevivir en el tiempo todavía indefinido que se abría con la derrota y la destrucción, ese mundo que para los amigos de Heidegger significaba la victoria del comunismo. Esta cuestión es más importante de lo que parece, pues constituye la expresión más viva de la entrada en la poshistoria.

Sin embargo, aquello a lo que estaba obligado Heidegger en julio de 1945 no es a una pobreza fruto de una decisión, de una renuncia a la riqueza. Él deseaba hablar del coraje de vivir en la pobreza (CeA 63). Agamben extrae un texto de Heidegger sobre Hölderlin que la define así: «La esencial y originaria pobreza es el coraje frente a las cosas simples y originarias, coraje que no tiene necesidad de depender de cosa alguna». Vemos aquí que se trata ante todo de «pobreza de ánimo». No se trata de una renuncia. Se trata de asumir la experiencia de una falta. De nuevo nos encontramos con «un valor antropogenético» para Agamben. Pero en lugar de reemprender el camino hacia la antropogénesis, este valor nos habla de la disolución de la diferencia con el animal. Se trata, como suponíamos desde Blumenberg, de una regresión, algo que quizá nos permitimos solo en este presente y solo los miembros de las sociedades posthistóricas, agotada ya por la tensión de luchar por la autoconservación.

La experiencia de la falta es la experiencia de la falta de mundo que nos aproxima a la condición animal tal y como fue reconocida en *Lo abierto, el hombre y el animal*. Como hemos venido apuntando a lo largo del libro, esta pobreza animal de mundo, que es lo propio de la nuda vida, nos abre el acceso a la verdadera riqueza. Pero ahora esa experiencia de la falta de mundo debe estar en la base real de todo proceso de emancipación. En esa pobreza se halla potencialmente la riqueza, fundamentalmente porque reposamos en lo que realmente somos, una pura potencialidad abierta que se mantiene en pensar su potencia y se niega al acto, a la acción orientada a una posible nueva evolución de la humanidad. Entonces podemos decir que «somos en la sobreabundancia del Ser» (CeA 65). Ya no hay acción.

No tenemos dudas acerca de esta interpretación de Heidegger porque Agamben habla de un «acercamiento estratégico hacia el animal», que busca con denuedo la filosofía desde Nietzsche. Sin embargo, Agamben se siente indispuesto con esta determinación negativa de la pobreza. Por eso le concede la última palabra a Benjamin, y más concretamente a un escrito menor titulado «Apuntes para un trabajo sobre la categoría de justicia», que precisamente no habla de la pobreza. Como es obvio, la categoría de justicia nos sitúa también en el horizonte mesiánico. De algún modo, por tanto, justicia y pobreza deben ser vinculadas. Agamben halla este vínculo porque Benjamin define lo justo como «la condición de un bien que no puede ser apropiado». Por la justicia, los bienes no pueden ser apropiados. El paralogismo ahora consiste en decir que *besitzlos*, sin propiedad, pasa a ser traducido como «pobre». Pero llamar a un bien pobre porque no pueda ser apropiado (*besitzlos*) es algo impropio. Bien podía ser también un rasgo de la abundancia del paraíso, algo más afín a la comprensión de Benjamin. Más decisivo es que, con todo esto, nos separamos de Marx. Lo justo no es atender necesidades. No es tener buena voluntad ni piedad, como pensaba Arendt. Justo es un estado del mundo. Se trata, dice con su proverbial genialidad Benjamin, de la «categoría ética de lo existente» (CeA 67), del respeto por las cosas, a las que se deja libres, vivas al margen de nuestra voluntad de apropiación. Es un estado del mundo que sería equivalente a que la facticidad fuera un estado de Dios. Esta es la clave de la tesis de Benjamin. Apreciar el estado del mundo como si fuera el estado de Dios, eso es lo justo. Eso es lo que no puede ser apropiado. Pero no porque sea pobre. Sencillamente, es inapropiable por una ética de lo existente. Sin embargo, es verdad que solo quien entienda la riqueza como lo apropiable considerará pobre a quien viva en lo justo. La genialidad de Benjamin consiste en afirmar que la vida puede abrirse paso en lo justo. Que sea visto como pobre por los que se apropian de las cosas, no significa sino que no viven en lo justo, el estado en el que el mundo es un estado de Dios.

Agamben cree que es productivo pensar el concepto de pobreza desde aquí, mejorando las posiciones de los franciscanos y de Heidegger. Así dice que pobreza es vivir en lo justo, y por eso equivale a mantenerse en «relación con un bien inapropiable». Frente al comunismo, la pobreza no expropia, sino que se mantiene en lo inapropiable, y en lo que por eso no puede ser ni apropiado ni expropiado. En ese mantenimiento, en esa demora, ahí se forja una forma de vida que no puede ser expropiada, separada de la vida. *Vivere sine propio*, la divisa de Francisco de Asís es, de este modo, vivir en lo que no puede ser expropiado. Es lo justo vivo. La relación del pobre no es con las cosas, ni con las mercancías, sino con el mundo, como si este fuera un estado de Dios. Ahora, sin embargo, Agamben dice que eso es justamente usar, mantenerse en relación con lo inapropiable. Pero que las cosas no sean lo apropiable y lo expropiable depende de que estemos en una relación ética con ellas. Para escapar a este círculo, que es el de la lucha de clases tanto como el del mercado, con sus intercambios jurídicamente ordenados, Agamben privilegia la noción de uso como la única propia que todavía puede moverse en el ámbito de lo justo.

Llegados aquí, sin embargo, apenas se puede ocultar la geografía conceptual circular. Se intenta captar la evidencia de una forma de vida que haya escapado al mercado, al derecho, al círculo de la apropiación y la expropiación. Se define pobre como justo, justo como uso, uso como relación con lo inapropiable, inapropiable como pobreza, pobreza como viviendo en lo justo y así. Con todo ello resulta evidente que lo inapropiable y lo pobre invoca a la vez el ámbito de la política y de la estética, y que Agamben llega a las últimas consecuencias de su unificación, iniciada por Nietzsche. Pero en su caso es igualmente claro que estamos en los límites del ámbito inaugurado por la *Crítica del juicio estético* kantiana. Allí también la estética aspiraba a la formación del sentido común en tanto fuente de placer, de una relación desinteresada o ética con la cosa, de una apreciación de la Tierra como belleza natural, del mundo como salido de las manos de Dios. Confirmamos esta impresión cuando vemos que la verdadera definición de uso que obtenemos también tiene su dimensión estética, como aquello que evade a la vez la alternativa del estilo y la *maniera*, de algo que es un hábito y de algo que se separa de lo habitual en su *maniera* (CeA 80). En realidad, el uso sería las dos cosas a la vez, hábito y diferencia, extrañeza. Agamben traza la analogía del hábito con la patria y de la *maniera* con el exilio y llama uso a lo que también es a la vez ambas cosas. A eso mismo le llama habitar. De este modo, llegamos a una forma de vida que es al mismo tiempo inseparable de un desnudo vivir y de un habitar que es a la vez patria y exilio. Eso resulta afín a vincular nuda vida y forma de vida, pues es hacer de la patria la desnudez que se mueve en un exilio continuo. Pero en estos extremos estamos ante propuestas filosóficas con las cuales resulta fácil identificar el mundo de la vida que se forjaría si se realizara ese horizonte mesiánico que deberíamos estar concretando. Creo que se parecería sobre todo a los ambulantes seguidores de Cristo que, como los lirios del campo, confían en al Padre, y que se nos ha mostrado en toda su belleza estética en *El evangelio según san Mateo* de Pasolini.

Como sabemos, Agamben dice que hay tres inapropiables: el cuerpo, la lengua y el paisaje. Vivir en ellos es vivir fuera del derecho, en lo justo, disponer de una forma de vida, estar abiertos a esa estructura de la comunidad de los cualquiera. En el umbral percibimos que sin esos tres elementos tendríamos una falta de mundo. Sin embargo, no resulta claro que sean bienes inapropiables. Esto se demuestra en tanto que son bienes expropiables. El propio Agamben ha dicho que la sociedad del espectáculo nos expropia el lenguaje. Resulta claro que cierta forma de biopolítica nos expropia de nuestra propia relación con el cuerpo en tanto que lo considera como una cosa administrada. Lo más evidente es que nos expropian los paisajes en los que reconocimos nuestra felicidad. Eso significa que vivimos en un mundo abandonado de Dios, injusto hasta la médula. Agamben es muy convincente cuando nos muestra que el gusto por el paisaje dista mucho de ser propio de los románticos. Creo que tiene razón cuando dice que «el paisaje es por tanto un fenómeno que pertenece en modo esencial al humano —quizá al viviente como tal—» (CeA 82).

Aquí los problemas de la antropogénesis y de la diferencia antropológica podrían muy bien reaparecer, pero el lector de Blumenberg debe reprimir sus argumentos. El *Umwelt* necesario al viviente no es paisaje en la medida en que no todo viviente aprende a disponer de objetividades. El animal solo percibe cuando un desinhibidor opera sobre él. Eso hace que el paisaje desaparezca tan pronto dejan de intervenir los desinhibidores adecuados. Como sabemos, en la época de la neurociencia y de la virtualidad esto es altamente posible en el humano que pueden inhibir su relación con la realidad. Es verdad lo que dice Agamben de que el animal no percibe su no-apertura ni es consciente de sus propios desinhibidores. El ser humano se diferencia en que tiene en su poder desactivar sus propios desinhibidores. Él puede decidir inhibirse y desinhibirse, tiene esa apertura a la mano como solución del conflicto entre «desvelamiento o velamiento», por decirlo con Heidegger. Puede decidir estar dentro o fuera del paisaje. Esto puede hacerlo cerrando la puerta o aplicando alguna otra forma de inhibición de la pulsión del ver y del conocer. Ahí reside la conciencia de su ritmo psíquico entre el dentro y el fuera, la caverna y el horizonte, el sueño y el cuerpo, la clave de la dualidad sobre la que se organiza nuestro psiquismo. Por eso el ser humano vive en lo abierto, porque puede rechazar vivir en él. La apertura es la decisión entre vivir en lo abierto y lo cerrado, entre el ver y el soñar.

Es verdad lo que dice Agamben de que cuando uno se entrega al ver como paisaje, cuando se contempla la belleza del mundo, en el fondo se neutralizan los entes que quedan dentro del paisaje, imperceptibles frente a la totalidad que los integra. Eso es fenomenológicamente asumible. Los entes que se pierden en el paisaje quedan suspendidos. En efecto, los entes quedan inoperantes en el paisaje —como sabía Kant, porque solo reparamos en la mera apariencia sin referencia a la existencia—, y nosotros que lo contemplamos quedamos inoperantes porque se ha retirado nuestro interés en la existencia. Si eso es lo que quiere decir Agamben con «inoperatividad de la inoperatividad» (CeA 86), tiene sentido. Que esto tenga dimensiones políticas también lo percibía Kant. La belleza natural del paisaje propiciaba un mundo común que no podía ser privatizado. En tanto contemplación, desactivaba la acción instrumental y el interés, y daba paso a una acción que no se puede separar de contemplar el ser del fenómeno. Este emerge en la medida en que su forma de contemplación se centra solo en su aparecer. Era evidente que de esta manera Kant quería desactivar el sujeto burgués para aproximarse al sujeto moral. En ese sentido, su operación intelectual es convergente con la de Agamben, y ambos ven en el paisaje el demorarse en lo inapropiable como justicia (CeA 87). Casa común, casa del Ser, vivir el paisaje es ver el mundo como el aparecer de un estado de Dios. Pero desgraciadamente, la previsión de que ahí tenemos un uso que invoca lo inapropiable no parece seguirse. Esto está relacionado con la evidencia de que bajo la subsunción real todo trozo de tierra puede convertirse en materia prima y valor de cambio.

Los tres elementos inapropiables para Agamben pertenecen a lo viviente, pero incluso esos elementos ahora parecen expropiables en nuestro mundo. Con ello no solo hacen inviable la obra estética sino también la política al bloquear lo común. Respecto del cuerpo, resulta tan evidente su expropiación como la del lenguaje y la del paisaje. Por mucho que los análisis de Husserl sugieran que el cuerpo, como *Leib*, se nos da «en una suerte de inmediata presentificación», estamos acostumbrándonos a que cualquiera de nuestras sensaciones originarias resulten representadas a través de mediaciones bioquímicas o neuroquímicas que nos inducen a contemplarnos como objetos al margen de la experiencia vivida. De este modo, las bases de la empatía se transforman y las vivencias del otro son también representadas como procesos químicos neuronales. Ya no se comprenden desde la imitación, la empatía, la analogía o la asociación, sino desde la identificación de los procesos químicos objetivos que los inducen. Su cuerpo es como el mío, pero en realidad ya no es de ninguno, sino objeto común de la ciencia. Los análisis de la fenomenología son aquí prescindibles en la medida en que nuestra conciencia de los procesos corporales son considerados como meras apariencias, meros epifenómenos cuya verdadera traducción y control deben entregarse a las leyes científicas que representan su verdad. Lo que queda excluido es que mi vivencia sea originaria y, por lo tanto, quedo expropiado de ella. Ahora la representación de la neurociencia es originaria y común a los singulares, y de esta manera sus cuerpos gozan de la comunidad de los objetos científicos sometidos a la misma ley que conoce quien los ve desde fuera.

Quedamos así expropiados de la experiencia originaria de nuestros cuerpos, que aparecen dotados de una contingencia básica cuyos hilos pueden ser movidos desde la flexibilidad de la manipulación científica. Los análisis de los fenómenos de la risa y el llanto, de la vergüenza, la necesidad orgánica, la angustia, que permiten experimentar la autonomía del cuerpo respecto del control de la voluntad, pueden ser rediseñados desde un control que está más allá de la voluntad, porque incluso esta puede ser controlada y neutralizada con la administración adecuada, como sabemos por las drogas que inducen la entrega erótica pasiva. De esta manera, esas reacciones que parecen extrañas, pero que no podemos esconder, pasan a ser lo normal en la conciencia que ve el cuerpo como una exterioridad cuya lógica está en manos de un experto. La náusea, como hastío de nosotros mismos, deja de parecer insuperable, como quería Levinas. Es extraña, pero alguien me puede liberar de ella con el aporte bioquímico adecuado. En este sentido, no es realmente inapropiable, y es químicamente expropiable. De la misma manera, actuando sobre el lugar neuronal de la afasia, podemos ser expropiados de la lengua y podemos imaginar un mundo donde un soberano parecido al nazi pudiera administrar libremente este lugar en el cerebro y gobernar a una legión de súbditos enmudecidos. Esta es la perspectiva, que Agamben ha visto acercarse de forma acuciante con motivo de la pandemia. Se trata de la perspectiva en la que el mundo de lo justo ha desaparecido porque lo que de verdad se pierde de forma necesaria es lo que llamamos experiencia. Nadie tiene por qué vincularse a lo que vive como experiencia pues todavía el administrador de sus procesos bioquímicos y neuronales puede ofrecerle la clave objetiva de su verdadero sentido y en cierto modo lo autorice, lo refute, lo reinterprete o lo neutralice.

8. REALIZAR LO IRREALIZABLE: LA FILOSOFÍA

Vivir en la lengua, en el cuerpo, en el paisaje, son las bases del vivir estético-político de Agamben, un vivir de la nuda vida en la casa del Ser que es hábito y exilio a la vez. Un habitar sin fronteras que es ciertamente la forma de vivir en el reino mesiánico del uso en lo justo, allí donde se supone que no hay intercambios, sino usos de realidades inapropiables. En ese reino mesiánico como ámbito de la justo, la filosofía quedaría realizada y ofrecería una alternativa a la propuesta marxista de abolir el proletariado como su culminación. Esa cuestión de la realización de la filosofía tiene ciertamente una profunda afinidad con el horizonte mesiánico en el que Jesús ya es un cualquiera y ha sido destituido de su propia realeza, de su reino y de su gloria, dejando de legitimar la institucionalidad de la Iglesia. Entonces se inaugura «la nueva edad de la humanidad redimida» (HS 1278). Como podemos suponer, este horizonte es el que nos interesa ahora. Vinculando de nuevo el problema a la cuestión de la teología, y por complejos análisis, Agamben llega a la conclusión de que la arqueología de la fe paulina nos da el presente de la filosofía. En todo caso, la fe y la filosofía se parecen en que hablan al individuo y le ofrecen una constitución como sujeto instalado en una forma de vida[31]. Asumiendo a Foucault, Agamben reclama la identidad del sujeto filosófico y el sujeto político, pero, interpretando 2 Corintios 12, 9, la fe es aquello que restituye la Ley a una potencia que solo se realiza en su debilidad, en su no realización. Pero este pasaje de san Pablo no habla de la fe y de la Ley sino de la gracia, que produce potencia activa en el fiel que previamente se comprende como débil. La invocación de Benjamin se hace necesaria para trazar la alternativa a la letra de Pablo. Lo mesiánico no usa nuestra acción, sino nuestra debilidad. No es la culminación de este mundo, y su máxima potenciación, sino su final. No forja un reino y una teocracia, como hizo la revolución jurídica de Gregorio VII. Por eso, la realización de la filosofía, como la de la política, no es la realización de un programa, una transformación planificada o una revolución. No es una meta que realizar. Es el fin de todas las metas. La potencia crítica de este pensamiento sobre el marxismo es clave y lleva a Agamben a sus últimas consecuencias. «Sociedad sin clases, revolución y anarquía son, en este sentido, como el Reino, conceptos mesiánicos que no pueden como tales convertirse en metas sin que pierdan toda su fuerza y su propia naturaleza» (LI 14).

Con esta propuesta nos sentimos impulsados demasiado pronto a la pasividad. En efecto, Agamben niega que todavía haya que pensar una relación práctica entre mundo profano y mundo mesiánico. Esa relación se debe instalar, por el contrario, en el horizonte de Benjamin, en «la inmediata intensidad mesiánica del corazón, del humano interior singular» (LI 14). La conexión inmediata entre el mundo profano y el mundo mesiá-

---

31. G. Agamben, *L'irrealizabile. Per una politica dell'ontologia*, Einaudi, Turín, 2022 [en adelante, LI y página].

nico es la que existe entre la búsqueda de la felicidad y el dolor. La tesis es que «el orden profano de lo Profano puede favorecer la llegada del Reino mesiánico». Es posible, pero queremos saber cómo, para no escapar a la amarga sensación de que sucumbimos allí donde quedó atascado Benjamin. ¿Cómo lo profano facilita el silencioso aproximarse del Reino? El giro de Agamben es aquí claro y podría ser considerado como una gnosis radical. La filosofía está tan completa y real como la fe de Pablo. Ni la una ni la otra deben realizarse porque la acción humana no produce justicia. Solo salvan si emergen de la impotencia. Esta anulación de la potencia de hacer obras es efectivamente afín con la inoperatividad y la contemplación que hemos perseguido a lo largo del libro. La filosofía, como la fe, como la política se realizan en una contemplación que es el mantenerse en la potencia, algo que ahora tiene la otra cara de presentarse como impotencia. Así se le da una vuelta a Benjamin. Si lo mesiánico para este viene desde la trascendencia para poner fin al tiempo y a la historia natural, Agamben nos dice que «lo mesiánico actúa en el acontecer histórico solo manteniéndose irrealizable en él» (LI 15). Pero con ello la historia natural sigue su curso.

Lo mesiánico actúa en la historia, por tanto, manteniéndose como un horizonte de posibilidad irrealizable. De la misma manera que la fe es gracia dada desde la Trascendencia, así, lo mesiánico es «el don más precioso». Pero es una gracia que no produce esa acción de los puritanos que estudió Weber, sino la pasividad quietista de los místicos. La gracia como posibilidad, frente a la gracia moderna como *dynamis* en Pablo y en Lutero. Estos desconfían de la potencia de la acción natural, no de la acción que sigue a la gracia; ella transforma la astenia en acto y energía. Para Agamben, por el contrario, esa posibilidad mesiánica es lo que «abre el espacio al gesto y al acontecimiento» de la inoperatividad. Para consolarnos de que estamos en la misma celebración de un acontecimiento al que solo nos vincula la fe filosófica, Agamben se dispone a pensar en este libro la cuestión de la modalidad, de tal manera que lo real no sea ya la realización de lo posible. Esta vieja modalidad, la propia del dispositivo de la metafísica, que recuerda la forma de crear propia del Dios de la teología, la relación entre la *quidditas* y la *haeccitas*, constituye la «máquina ontológico-política de Occidente». Forma parte de aquello que subyace a la diferencia entre la teología política y la teología económica, de Acción y Ser, que vimos en *El reino y la gloria*[32]. La posibilidad no es lo que debe realizarse mediante el programa de la economía. Agamben cierra su pensamiento con esta frase: «La posibilidad es lo absolutamente irrealizable». Para realizarse se ha de suponer el aniquilamiento de lo real, que resultase petrificado, como quería el Kant de *El final de todas las cosas*. Posible es lo que resta cuando lo fáctico llega a su final. Se trata de una instancia «absolutamente destituyente», la clave con que acaba *Homo sacer* (HS 1278-1279). De este modo, la política de la filosofía absoluta es la destitución absoluta de la facticidad y su apertura como posibilidad no realizable. «Se define destituyente una potencia que no se deja jamás realizar en un poder constituido» (LI 15).

---

32. Eso se ve con claridad en el capítulo «Il posible è il reale» (LI 65): «La máquina ontológico-política del Occidente se funda sobre la escisión del ser en posibilidad y realidad». Se trata de la diferencia entre existencia y esencia, entre sustancia y predicados, de tal manera que la sustancia es lo existente y los predicados son algo que pueden o no pueden ser dicho de la sustancia. Así se introduce la diferencia entre real y posible, entre la existencia en acto y la esencia como posibilidad, que desplegó la escolástica, con la prioridad del acto (*energeia*) sobre la potencia (*dynamis*). Por supuesto, este esquema salta de la ontología a la técnica a través de la configuración de la creación.

Creo que aquí estamos ante una afirmación en cierto modo trivial que no capta el verdadero sentido de lo que se ha dicho antes. Destituyente ha de ser una potencia que no deja en pie ningún poder constituido —pone fin a la historia natural— y que además no genera un nuevo poder constituido. Eso es lo que implica el final de lo constituido. Destituyente no es lo que deja en pie desde el exterior a lo constituido, o se niega a replegarse en lo constituido. Esa sería también la definición de un poder constituyente. Solo si se invoca la posibilidad como implicando el fin de lo real se puede asumir la enigmática frase de Benjamin de que «el método de la política mundial debe ser llamado nihilismo». Y solo si esa política mundial que reina sobre lo profano se encamina hacia la destrucción de todo lo constituido, podemos entender que silenciosamente nos lleve hacia lo mesiánico. Pero así las cosas ya no podemos diferenciar entre la posición de Agamben sobre lo mesiánico y el aceleracionismo que ve en la búsqueda de la felicidad bajo las condiciones del capitalismo el camino seguro hacia la destrucción de todo lo constituido que abrirá espacio a la filosofía, a su culminación y a su realización. El pensamiento destituyente de Agamben confía así en la capacidad destituyente del capitalismo. Eso es lo profano que nos acerca a su pesar a lo mesiánico. Por eso lo mesiánico se vincula la facticidad sin ulterior relación.

¿Es esta una vieja fe parecida a la de la socialdemocracia? No lo sé. Solo sé que se trata de fe. Quizá cuando alguien haya hecho el trabajo destituyente de lo constituido, el pensamiento de la inoperatividad nos encuentre separados de toda meta biológica y social y nos encamine al mundo del espíritu y de lo justo. La fe de Agamben es que entonces en el humano reinará la alegría de contemplarse a sí mismo y a su propia potencia de obrar, pero sin obrar (HS 1279). Para exhortarnos a esa fe en un mundo que contempla la propia potencia de hacer sin hacer, Agamben ha desplegado la bastante diferente alegría profana de una potencia de obrar que ha realizado una ingente obra de miles de páginas de una gran erudición. Su gesto de fidelidad y de fe en la filosofía resulta así indiscutible.

A MODO DE CONCLUSIÓN

Hemos recorrido la filosofía de Agamben y nos hemos demorado en sus mediaciones. Al final no hemos podido escapar a la experiencia, que debió ser propia de Benjamin, de un mundo entregado a una especie de pecaminosidad consumada que crea continuamente todavía mejores condiciones de posibilidad para su propia consumación. Desde este punto de vista conceptual, que sigue las líneas de la teoría crítica, las posiciones están claras. Los ideales también. Su dependencia de los mesianismos que orientaron el pensamiento en el siglo XX, parece evidente. Que Agamben ha integrado la desilusión de la revolución en su pensamiento no resulta menos claro. La emancipación no pasa por la fundación de un nuevo pensamiento constituyente, que reproducirá las condiciones de la dominación porque anclará en los «mismos operadores de la antropogénesis» (HS 1279). Eso nos deja ante la exigencia de un pensamiento destituyente de lo constituido, pero sin generar una nueva constitución. El mundo filosófico de Agamben ha generado todo un dispositivo filosófico para alojar esta propuesta final. La meta de este dispositivo es hacer verosímil esta propuesta, ante la conciencia de que, colocada fuera del contexto conceptual apropiado, resulta extraña e inverosímil, salvo como improbable rehabilitación de la potencia mesiánica del cristianismo y su escatología. Dentro de ese dispositivo, el pensamiento destituyente resulta igual de irrealizable, pero ahora esa noción se propone como interna a ese mismo dispositivo. De este modo, el dispositivo se cierra sobre sí mismo para evitar toda objeción. La pregunta de si acaso eso no nos deja a solas con el mundo de la pecaminosidad consumada puede responderse en sentido afirmativo, pero para Agamben eso no haría sino acelerar su propia propuesta como el único camino de emancipación. De este modo, secretamente vinculado al aceleracionismo, la propuesta de Agamben parece transitable. Pero para que podamos asumir que lo que sucederá a esa catástrofe será el final del tiempo y de la historia, para asegurar que la desvinculación de las metas biológicas y sociales por parte del ser humano, y la entrada en una alegría que solo contempla su propia potencia, no reinará la más absoluta barbarie, para eso se necesita algo más que la fe del filósofo y sus propias imaginaciones.

Frente a este final, se alza otra fe más sencilla, más vinculada a la antropogénesis y sus metas, más vinculada a no darlo todo por perdido. La de contener tanto como sea posible la catástrofe, con las herramientas a nuestro alcance. La antropogénesis es el largo camino de forjar instituciones conscientes de sus bases normativas adecuadas. Entre ellas, la filosofía, como control de las contradicciones que las demás instituciones generan. Por ello el trabajo teórico y el trabajo práctico no pueden separarse. Sin esas instituciones, como ha recordado Esposito, no se forjan mundos de la vida ni formas de vida. Con la filosofía, esas instituciones tienen que refinar sus bases normativas tanto como sus estrategias prácticas. No disponemos de una praxis teórica y retórica pertinentes ni definitivas, ni de una firme y sincera fe en ellas, porque pesan demasiado sus violaciones y demasiado poco sus frágiles aportaciones. Esta impresión genera una profunda debilidad. Y, sin embargo, todavía todo puede ser peor. Cuando la catástrofe que se nos anuncia se consume, de ella es posible que resulte una situación que implique el retroceso antropológico de no dejar espacio a la institución de la filosofía. Nadie tendría entonces valor, paciencia, sosiego, paz o memoria y, desde luego, no gozará de la alegría suficiente para leer las mil doscientas páginas de *Homo sacer*, que entonces nos parecerá el fruto del milagro de lo humano y de un mundo del que algunas cosas podrían conservarse.

La memoria de que todo alberga la posibilidad de ser peor se encierra en la defensa del derecho. Que tenga una praxis adecuada no es tanto cuestión de su refinamiento teórico, ni de una continua ampliación de derechos que huye hacia adelante en el diseño abstracto del mejor mundo posible, sino de encontrar la forma de vida en que pueden ser realizados los derechos que conocemos con garantías. En ese mundo de la vida estable quizá los filósofos puedan seguir pensando con refinada alegría a lo largo de una vida entera y generar eso que Agamben llama *impazienza frenata*, el *motto* de su vida. Como ha dicho Luigi Ferrajoli, no es tanto una cuestión de formulación jurídica, sino de garantías de que el derecho se cumpla. Solo eso impedirá lo peor. Y eso solo será posible si encontramos el camino hacia la felicidad a través de la lucha por la realización del derecho común, de ese derecho sagrado de todos los humanos a no avergonzarse por ser diferentes. No es tanto problema de la ley, que sigue ahí, conocida desde antes de que fuéramos humanos, sino de nuestros *conati*, de si reposan en alguna verdad capaz de instituir un mundo de la vida en el que los cuerpos, el lenguaje y el paisaje no puedan ser ni expropiados ni apropiados.

BIBLIOGRAFÍA

1. *Obras de Giorgio Agamben**

La comunidad que viene [1990], Pre-Textos, Valencia, 1996.
Medios sin fin. Notas sobre la política [1996], Pre-Textos, Valencia, 2001.
El tiempo que resta [2000], Trotta, Madrid, 2008.
Infancia e historia. Ensayo sobre la destrucción de la experiencia [2001], Adriana Hidalgo, Buenos Aires, 2011.
Lo abierto. El hombre y el animal [2002], Pre-Textos, Valencia, 2005.
Profanaciones [2005], Anagrama, Barcelona, 2006.
¿Qué es un dispositivo? [2006], Anagrama, Barcelona, 2015.
El reino y la gloria. Por una genealogía teológica de la economía y del gobierno [2007], Pre-Textos, Valencia, 2009.
Signatura rerum. Sul metodo, Bollati Boringhieri, Milán, 2008. [*Signatura rerum. Sobre el método*, Anagrama, Barcelona, 2010].
Altissima povertà. Regole monastiche e forma di vita, Neri Pozza, Vicenza, 2011. (*Homo sacer* IV, I, ed. integral, pp. 883-1005). [*Altísima pobreza. Reglas monásticas y forma de vida*, Pre-Textos, Valencia, 2014].

---

* Se indica la edición citada, italiana o española; en el primer caso, se añade, cuando existe, la referencia correspondiente de la traducción castellana; en el segundo, el año de la edición original.

Opus Dei. Archeologia dell'ufficio, Bollati Boringhieri, Turín, 2012 (*Homo Sacer* II, 5, ed. integral, pp. 647-719). [*Opus Dei. Arqueología del oficio*, Pre-Textos, Valencia, 2013].

El misterio del mal. Benedicto XVI y el fin de los tiempos [2013], Adriana Hidalgo, Buenos Aires, 2014.

Creazione e anarchia. L'opera nell'età della religione capitalista, Neri Pozza, Vicenza, 2017. [*Creación y anarquía*, Adriana Hidalgo, Buenos Aires, 2019].

Autoritratto nello studio, Nottetempo, Milán, 2017.

Homo sacer (1995-2015), Quodlibet, Macerata, 2018.

L'irrealizabile. Per una política dell'ontología, Einaudi, Turín, 2022.

2. Referencias secundarias

Abbot, Mathew, «Glory, Spectacle and Inoperativity: Agamben's Praxis of Theoria», en Daniel McLoughlin (ed.), *Agamben and Radical Politics*, Edinburgh UP, Edimburgo, 2017, pp. 27-49.

—, *The Figure of this World: Agamben and the Question of Political Ontology*, Edinburgh UP, Edimburgo, 2014.

Acciaresi, Matteo A., *In convergente disaccordo. Giorgio Agamben lettore di Martin Heidegger: Un'indagine filosofica*, Edizioni Accademiche Italiane, 2017.

Althusser, Louis, *The Humanism Controversy and other Writings*, ed. de F. Macheron, Verso, Londres, 2003.

Arendt, Hannah, *Origins of Totalitarianism*, Harvest, Londres, 1968. [*Los orígenes del totalitarismo*, Alianza, Madrid, 2006].

—, «Karl Marx and the Tradition of Western Political Thought»: *Social Research* 69 (2002), pp. 273-261.

Bacarlett Pérez, María Luisa, «Arqueología, Método y juramento»: *Metapolítica: la mirada limpia de la política* 71 (2010).

Castro, Edgardo, *Giorgio Agamben. Una arqueología de la potencia*, UNSAM, Buenos Aires, 2008.

Castro Gómez, Santiago, *La rebelión antropológica. El joven Marx y la izquierda hegeliana*, prólogo de José Luis Villacañas, Siglo XXI, Madrid, 2022.

Cerezo, Pedro, «De la existencia ética a la ética originaria», en Félix Duque (ed.), *Heidegger: la voz de tiempos sombríos*, Ediciones del Serbal, Barcelona, 1991, pp. 11-81.

Crescas, Hasdai, *Light of the Lord (Or Hashem)*, trad. e introd. de R. Weiss, Oxford UP, Oxford, 2018.

DeCaroli, Steven, «What Is a Form-of-Life?: Giorgio Agamben and the Practice of Poverty», en Daniel McLoughlin (ed.), *Agamben and Radical Politics*, Edinburgh UP, Edimburgo, 2017, pp. 207-233.

Durantaye, Leland de la, *Giorgio Agamben: A Critical Introduction*, Stanford, Stanford UP, 2009.

Foucault, Michel, *Arqueología del saber*, Siglo XXI, Buenos Aires, 1978.

—, *Hay que defender la sociedad*, Akal, Tres Cantos (Madrid), 2003.

Galindo, Alfonso, *Política y mesianismo. Giorgio Agamben*, Biblioteca Nueva, Madrid, 2005.

Ginzburg, Carlo, *El queso y los gusanos*, Península, Barcelona, 2009.

—, *Tentativas. El queso y los gusanos: un modelo de historia crítica para el análisis de las culturas subalternas*, Desde Abajo, Bogotá, 2014.

Heidegger, Martin, *Serenidad*, Comares, Granada, 2019.

—, *Ser y tiempo*, Trotta, Madrid, ³2023.

Heron, Nicholas, «*Zoê aionios*: Giorgio Agamben and the Critique of Katechontic Time», en D. McLoughlin (ed.), *Agamben's Radical Politics*, Edinburgh UP, Edimburgo, 2017, pp. 141-165.

Jünger, Ernst, *La emboscadura*, Tusquets, Barcelona, 1988.

Kurz, Robert, «Die Himmelfahrt des Geldes»: *Krisis* 16/17 (1995), en exit-online.org.

La Torre, Massimo, *La justicia de la tortura*, Trotta, Madrid, 2022.

Lechte, John y Saul Newman, *Agamben and the Politics of Human Rights, Statelessness, Images, Violence*, Edinburgh UP, Edimburgo, 2015.

Maiso, Jordi, *Desde la vida dañada. La teoría crítica de Theodor W. Adorno*, Siglo XXI, Madrid, 2022.

McLoughlin, Daniel, «Liturgical Labour: Agamben on the Post-Fordist Spectacle», en Íd. (ed.), *Agamben and Ra-*

dical Politics, Edinburgh UP, Edimburgo, 2017, pp. 91-115.

Negri, Antonio y Maurizio Lazzarato, *Trabalho imaterial: formas de vida e produção de subjetividade*, Dp&A, Río de Janeiro, 2001.

Res Publica. Revista de Historia de las ideas políticas 28 (n.º monográfico dedicado a Giorgio Agamben) (2012).

Ruiz Sanjuán, César, *Historia y sistema en Marx. Hacia una teoría crítica del capitalismo*, Siglo XXI, Madrid, 2019.

Schmitt, Carl, *Teoría del partisano*, Trotta, Madrid, 2013.

Schürmann, Reiner, *Le principe d'Anarchie. Heidegger et la question de l'agir*, Seuil, París, 1982.

Tarragoni, Federico, «Vers une théorie politique de la modernité. Agamben au prisme de Weber», en Anoush Ganjipour (ed.), *Politique de l'exil, Giorgio Agamben et l'usage de la métaphysique*, Lignes, 2019, pp. 221-249.

Tomei, Roberto, Reseña de *Signatura rerum*: *Rivista internazionale di filosofia del diritto* 86/1 (2009), pp. 159-160.

Villacañas Berlanga, José Luis, «Historia de los conceptos y responsabilidad política»: *Res Publica* 1 (1998), pp. 141-174.

—, «Teologia economica. Analisi critica di una categoria»: *Filosofía política* 27/3 (2013), pp. 409-430.

—, *Teología política imperial y comunidad de salvación cristiana. Una genealogía de la división de poderes*, Trotta, Madrid, 2016.

—, *Imperio, reforma y Modernidad*, vol. I: *La revolución intelectual de Lutero*, Guillermo Escolar, Madrid, 2017.

—, *Neoliberalismo como teología política*, NED, Barcelona, 2020.

Virno, Paolo, *Gramática de la multitud. Para un análisis de las formas de vida*, Traficantes de Sueños, Madrid, 2003.

Whyte, Jessica, «Praxis and Production in Agamben and Marx», en Daniel McLoughlin (ed.), *Agamben and Radical Politics*, Edinburgh UP, Edimburgo, 2017, pp. 71-94.